夫をこっそり痩せさせる

くまみ飯

くまみ（熊橋 麻実）

主婦の友社

夫を
こっそり痩せさせた
くまみです

夫と2歳の息子と私の3人暮らし。
フルタイムで働いているワーママです。
実は、夫との年齢差25歳。
結婚したとき、夫はぽっこりおなかで中年太り。
健康診断の数値も注意が必要な状態でした。
健康で長生きしてほしい。
でも、夫は運動しないし、毎晩お酒を飲むし……。

これはなんとかしないと！

2人で居酒屋通いをしていて、
おつまみを夕食がわりに
食べて帰ることが多かったので

そうだ！

家で飲むことにしたら、おつまみを健康的な料理に変えられる！

居酒屋風の料理を出し
「お金も節約できるから」と
おうち居酒屋に誘導成功！
毎晩くまみ飯で
お酒を飲むことになりました。

まんまと

料理は
居酒屋で出てきそうな見た目に
ボリュームがあって
栄養バランスがよく
野菜たっぷりで
低カロリーに！

居酒屋風おかずは
20分で2～3品できる
簡単なものばかり。
あの手この手を考えていますが
よく登場させるのが

たんぱく質がとれる
豆腐
低カロリーの野菜
もやし

かさ増しをしたり
高カロリーの食材と
置きかえたり
何かと便利です。

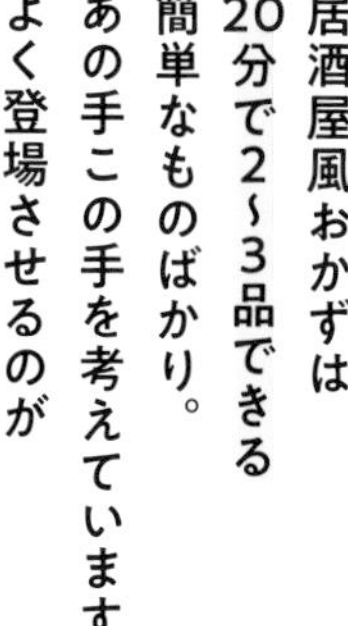

実はこの炒飯にも……？

くまみ飯は冷凍庫をフル活用！

夜だけでなく
めん類や丼飯を食べることが多い
お昼もなんとかしないと
栄養バランスが悪すぎる！

そこで セレクト弁当 の登場です。

冷凍してある主菜と副菜から、
好きなものを選んで自分で詰める。
これなら、朝、私の手間が省けます。
朝食のみそ汁も冷凍です。
（詳しくは、朝と昼のレシピページを見てくださいね！）

好きなおかずをチョイス

すぐに結果が出たわけではありませんが
「健康のために」と続けていたら
夫の顔やおなかがすっきりしてきました。
少しずつ痩せたので
本人は気づかなかったようです。
短期間で痩せると、リバウンドしやすいし
健康維持のための栄養もとれないので、
1カ月に1kg痩せるくらいがおすすめです。

みそ汁も冷凍

結果

ズボンのサイズが
こんなに変わった！

くまみ飯を
始めてから
1年もたたずに

−7kg

血糖値なども
下がり、
いい感じ！

もちろん、外食もするし
がっつりしたものを
食べることもありますが、
その後もくまみ飯を続け、
夫は体重を
キープしています。

みなさんも
夫や家族を
こっそり
痩せさせてみませんか

やったー！

CONTENTS

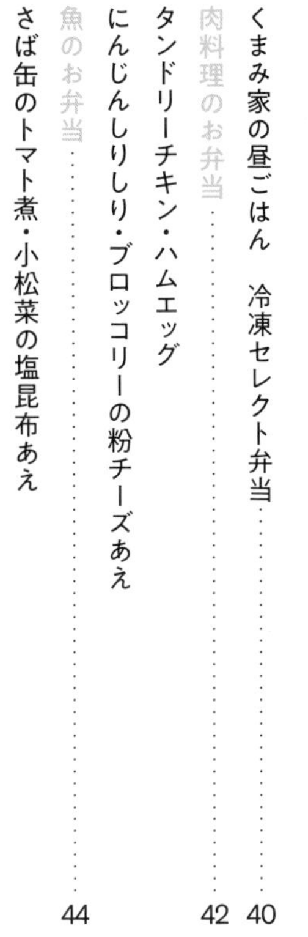

夫をこっそり痩せさせる くまみルール

夫を痩せさせる料理には、私なりのルールがあります。
ガチガチに「毎食こうしなければ！」というものではなく、
ゆる〜くやっているだけ。でも、続けていたら変わったんです。
この本を手に取ってくださった方も、
気長にこっそり続けてみてください。

「たんぱく質たっぷり」

たんぱく質は、筋肉や臓器など、
体を作る材料になるとても大切な栄養素です。
エネルギー源になり、基礎代謝を上げる働きもあるので、
ダイエットをしているときにも欠かせません。
それに、たんぱく質が不足すると、肌もシワシワになってしまうんですよ。
私は毎日3食、できるだけ多くたんぱく質がとれるようにしています。
でも、同じものを食べ続けると、栄養バランスが偏るので、肉、魚、卵、
大豆製品、乳製品など、いろいろなものからとるようにするのがポイント！

さまざまな種類のたんぱく質をとろう

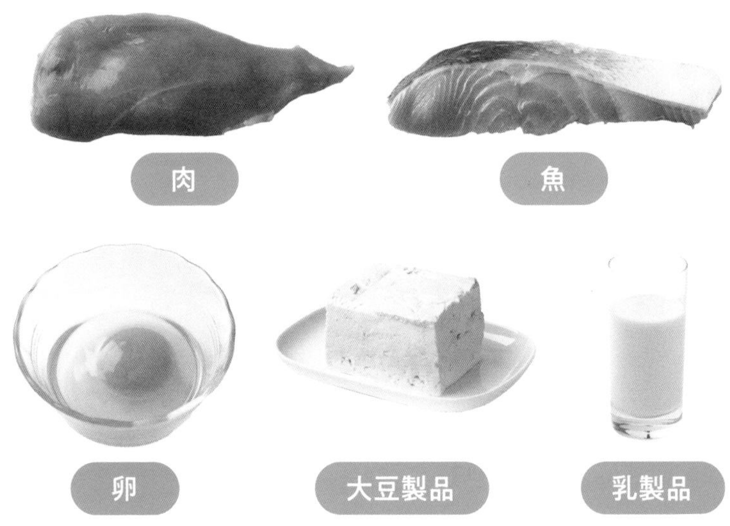

KUMAMI RULE 2

ゆる糖質オフ

ごはんは栄養があるし、消化しやすくエネルギー源にもなります。いも類はビタミン類が多く、体を温めてくれる食材。だから、炭水化物は制限をしすぎないようにしています。一方、小麦類は消化しづらく、エネルギーになりにくいので、なるべく避けている食材です。

炭水化物の食べすぎはもちろんNGだけど、栄養をとることも大事！

KUMAMI RULE 3

あらゆる手を使って、食物繊維たっぷりに

食べたら出す！　腸内環境をととのえて、ためこまない体にするために、食物繊維はとても大切ですね。でも、それだけではなく、食物繊維は糖質やナトリウムなどを排出する、コレステロール値を抑えるなどの働きをします。健康のため、食物繊維が少しでも多くとれるように、いろいろな食品を組み合わせています。

しらたき＋野菜で食物繊維たっぷりに。こんにゃくは低カロリーで食物繊維がとれるおすすめ食材です。

KUMAMI RULE 4

「見た目ボリュームアップ」

パッと見たときに、「量が多い」と思うと満足感が違います。
ふわふわにしてボリュームアップしたり、野菜の量を多くしたり、
「こんなに食べたらおなかいっぱいだ」と思わせています（笑）。

こっそり
入れちゃいます！

山盛り！
もやしを入れて
かさ増ししたチャーハンなら、
おなかいっぱい食べてもOK。

KUMAMI RULE 5

「よくかんで、ゆっくり食べられる料理を」

アツアツ
グラタンも熱いから、
早くは食べられない！

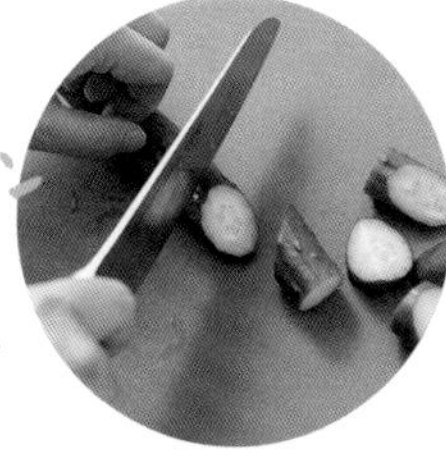

ゴロンゴロン
よくかまないと
食べられないように、
材料をわざと大きく切って
調理することも。

よくかんで食べると食べすぎを防ぐほか、消化をよくし、脳に刺激を与えるなど、メリットがいっぱい。かみごたえのある食材やかための食材を使ったり、材料を大きめに切ったりしています。
また、早食いだと、満腹中枢が刺激されないうちにどんどん食べてしまいます。ゆっくり食べてほしいので、「熱々のものを冷ましながら食べる」、「のりに巻いて食べる」など、ひと手間かけて食べるものも出すようにしています。

いつも使っている

調味料

毎日使うものだから、なるべく体によくて、
おいしいものを、と思っています。
砂糖はミネラル分の多い**きび砂糖**、
油はクセがなくカラッと揚がる**米油**を愛用。

ちょっと こだわっている 調味料

左から、旭食品「**旭ポンズ**」
（関西でポン酢しょうゆといえばコレ）、
白扇酒造「**福来純『伝統製法』熟成本みりん**」、
丸島醤油「**純正醤油こいくち**」。
油は、築野（つの）食品「**こめ油**」を愛用。

よく使うもの

コンソメやマスタードなど、よく使うものです。
鶏ガラスープの素は、
うまみ調味料無添加のもの、
黒こしょうは**ミルつき**のもので、
挽きたての香りが楽しめるようにしています。

塩・砂糖・その他

塩、砂糖はいつもコレ。天塩の「天海の平釜塩」
と日新製糖の「プレミアムきび砂糖」。
写真左下は、伝統製法で作られている
中村食品産業の「**感動の未粉つぶ片栗粉**」。
その右の「**かけちー**」はプラスアール神戸という
メーカーの3種類のチーズがミックスされたもの。
生でも焼いてもおいしい。

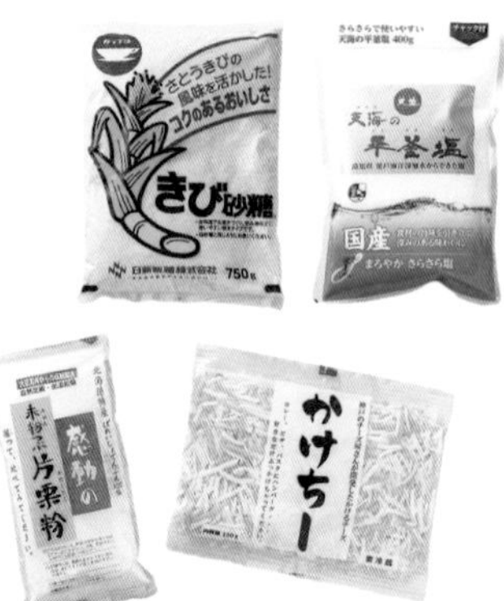

これがわが家の調味料です

この本の使い方

調理するとき

・作り方の火加減は、特に表記のない場合、
中火で調理してください。
・野菜は、特に指定のない場合、洗う、皮をむく、
へたや種をとるなどの作業をすませてからの手順になります。

調理器具について

・フライパンや鍋は、フッ素樹脂加工のものを使用しています。
・電子レンジの加熱時間は600Wの場合の目安です
（500Wの場合は時間を1.2倍に、
700Wの場合は時間を0.8倍にしてください）。
・トースターの加熱時間は1000Wの場合の目安です。
機種によって多少差がありますので、
様子を見ながら加減してください。

材料について

・材料は特に指定がない場合、2人分です。
写真は、特に指定がない場合、1人分です。
・材料の油は米油を使用していますが、サラダ油でもOKです。
・材料の砂糖はきび砂糖を使用していますが、
なければ上白糖でOKです。
・材料のおろししょうが、おろしにんにくは、
チューブタイプを使用しています。

単位などについて

・エネルギー量、たんぱく質量、食物繊維量は1人分です。
・計量単位は、小さじ1=5㎖、大さじ1=15㎖です。

気づかずに痩せた夫は……

あるとき
イベント会場で体重計にのって
初めて気がついた

7kgも痩せてる……

筋肉量、脂肪量とも
30代の体になっていた

結婚後も2人で飲みに行くことが多かったんです。
それが、「たまには家でゆっくり飲もう」と
妻に言われたのがきっかけで、家飲みが習慣になりました。
それから1年ほどして、体が軽いなとは思っていたんですが、
とあるイベント会場で最新式の体重計を試してみて、初めて
痩せている上に、体内年齢が30代だとわかったんです。
そのあとです。
健康を考えて痩せさせる料理を
出してくれていたことを知ったのは。
お好み焼きかと思って食べたら違っていたりすることもあって、
あれ?と思うことはあったんです。でも、そんな料理もあるかと……。

全く気づかなかった。

いつもおいしく食べていました。

Instagramの フォロワーさんから 寄せられた コメント

くまみ飯ファンから ラブコール♥

くまみさんのレシピで、
旦那が6kg痩せました。
久々に会った人に、
どうやってそんなに痩せたの!?って
言われたらしくて、私もうれしく思いました。
（なさん）

フライパン蒸し豆腐ハンバーグを
リピしています。
（xさん）

どれを作っても**おいしい！**
（anさん）

旦那の体型が気になり、どうにかして痩せさせたいと運動をすすめましたが、
めんどくさいとやらず……。どうにかしないと、と頭を悩ませているときに
くまみさんのインスタに出会いました。「夫をこっそり痩せさせる妻」というのが
まさに自分のことだ！と衝撃を受けました（笑）。
まだ始めたばかりですが、これからも参考にさせていただきます。
（sさん）

家にある材料で、
ヘルシーに作れるのが
とっても助かってます♡
（n.bさん）

週末、粉もんパーティーを
よくしているわが家は、
豆腐お好み焼き**リピです。**
（maさん）

朝・昼・夜はコレを食べる！

くまみ飯。

超リアルな
わが家のごはんです！

朝

卵料理＋みそ汁＋ごはん

冷凍しておいたみそ汁には
野菜がいっぱい！

p22 →

TIME ZONE : Breakfast

夜

お酒に合う！居酒屋風の夜ごはん

たんぱく質と野菜が
たっぷりとれる
見た目ボリュームおかず。

p70 →

TIME ZONE : Dinner

昼

冷凍おかずのセレクト弁当

肉、魚、卵のおかず2品と
野菜のおかず2品、
好きなものを入れて。

p38 →

TIME ZONE : Lunch

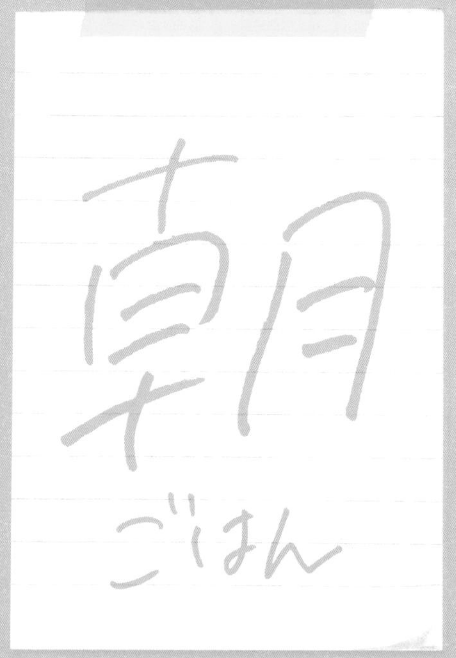

簡単な卵料理と、
冷凍みそ汁を解凍してお湯を入れたもの、
それにごはんが定番の朝ごはんです。
朝から野菜をたくさん食べてほしいので、
具だくさんのみそ汁を作りおきして冷凍保存。
忙しい朝にぴったりなので、試してみてください。

しっかり朝ごはんを食べて
今日も一日頑張るぞ!

くまみ家の

朝ごはん

breakfast

BASIC COMBINATION

卵料理＋野菜たっぷりのみそ汁（冷凍・p26参照）＋ごはん

忙しい朝は5分でできる献立に

共働きで、子どもを保育園に連れて行く準備もあるし、朝は毎日バタバタです。夫のほうが早く出かけるため、食事の準備は夫婦別々にしています。料理が苦手な夫でもできる卵料理（主に目玉焼きですが）とみそ汁とごはんのシンプルな組み合わせ。「こんなに簡単でいいの〜？」と言われてしまいそうな、5分でできる献立なんです。卵でたんぱく質をとり、野菜たっぷりのみそ汁で食物繊維やビタミンを、そして腹持ちがよく、たんぱく質やビタミン、ミネラルなどの栄養素を含むごはん。これだけとれたらOKってことにしています。ダイエットをするときは（こっそりさせているときも！）、ひもじい思いをしないことが大事。ストレスになったり、昼のドカ食いにつながったりしそうなので、朝は必ず食べて出かけるように仕向けています。

野菜たっぷり
基本の冷凍みそ汁

朝、みそ汁を作っている時間がないので、1週間分作って冷凍保存。
食べるときは解凍してお湯を注ぐだけ。
腸活になる醗酵食品は、ダイエットにもおすすめです。

エネルギー 31kcal たんぱく質 1.9g 食物繊維 1.5g

1

材料（14杯分）

キャベツ…1/4個（300g）
小松菜…1束（300g）
にんじん…1本（150g）
水…100mℓ
和風だしの素（顆粒）…1/2袋（4g）
みそ…140g

にんじんはいちょう切りにする。キャベツは1cm幅の食べやすい大きさに切る。小松菜は2cm長さに切る。フライパンににんじんと水を入れ、煮立たせる。

2

キャベツと小松菜を加え入れる。

食べるときは

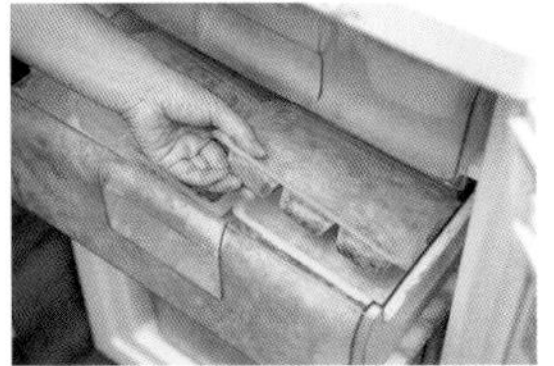

冷凍庫から出す。

1杯分をとり出す。

解凍してお湯を注ぐ。

小分けして冷凍！

私は、離乳食用に使っていた冷凍用保存容器（写真右）や100円ショップで購入した各60mℓ入る製氷皿を使っています。

3
だしの素をまわし入れ、煮立ったらふたをして弱火で10分ほど加熱する。

4
水分がなくなってきたら、火を止めてみそを加え、全体がなじむまでまぜ合わせる。

5
冷凍保存用容器に14等分にして入れ、冷ましてから冷凍する。

次の日の朝使う場合は、その分をお椀に入れてラップをかけ、冷蔵保存！

白菜と油揚げのみそ汁

エネルギー 39kcal　たんぱく質 2.2g　食物繊維 0.9g

材料（14杯分）

白菜…2枚（200g）
玉ねぎ…1個
油揚げ…2枚
水…100mℓ
和風だしの素（顆粒）…1/2袋（4g）
みそ…140g

作り方

1. 白菜は2cm幅で食べやすい大きさに切る。玉ねぎは半分に切り、薄切りにする。油揚げは短冊切りにする。
2. 鍋に1を入れ、水、だしの素を順にまわし入れて火にかける。煮立ったらふたをして弱火で10分ほど加熱する。
3. 水分がなくなってきたら、火を止めてみそを加え、全体がなじむまでまぜ合わせる。

その日の気分で選べるように、具材が違うみそ汁やスープを作って冷凍することも。もちろん、食物繊維などの栄養素がたっぷり！

＊作り終わってからの冷凍保存については、p27参照。

豚肉とほうれんそうのみそ汁

エネルギー 50kcal　たんぱく質 3.2g　食物繊維 1.4g

材料（14杯分）

豚ロース薄切り肉…100g
ほうれんそう…1束（200g）
ごぼう…1/2本（100g）
長ねぎ…1本
水…100mℓ
和風だしの素（顆粒）…1/2袋（4g）
みそ…140g
ごま油…小さじ1

作り方

1. 豚肉は5mm幅に切る。ほうれんそうは2cm長さに切ってさっとゆで、水けをしぼる。ごぼうとねぎは縦半分に切って斜め薄切りにする。
2. 鍋にごま油を熱し、豚肉をいためる。肉の色が変わったら、1のごぼう、ねぎを入れて3分ほどいためる。
3. 水、だしの素を順にまわし入れ、煮立ったらふたをして弱火で10分ほど加熱する。1のほうれんそうを加えて全体をまぜる。
4. 水分がなくなってきたら、火を止めてみそを加え、全体がなじむまでまぜ合わせる。

きのこのすまし汁

エネルギー 14kcal たんぱく質 1.1g 食物繊維 1.2g

材料（14杯分）

えのきたけ…大1袋（200g）
しめじ…大1パック（200g）
まいたけ…1パック（100g）

A
塩…小さじ1/2
酒、しょうゆ…各大さじ2
みりん…大さじ1
和風だしの素（顆粒）…1/2袋（4g）
水…100mℓ

作り方

1 えのきたけは石づきをとり、2cm長さに切る。しめじは石づきをとってほぐす。まいたけは食べやすい大きさに手でさく。

2 鍋に1とAを入れて火にかける。煮立ったらふたをして弱火で10分ほど加熱する。

解凍前

解凍前

チンゲン菜の中華スープ

エネルギー 16kcal たんぱく質 1.8g 食物繊維 0.4g

材料（14杯分）

チンゲン菜…2株（200g）
しいたけ…4個
かに風味かまぼこ…1パック
もやし…1袋（200g）

A
しょうゆ…大さじ1
鶏ガラスープの素（顆粒）…大さじ3
水…100mℓ

作り方

1 チンゲン菜は縦半分に切ってから1cm幅に切る。しいたけは石づきをとって薄切りにする。かにかまは手でさく。

2 鍋に1ともやし、Aを入れて火にかける。煮立ったらふたをして弱火で10分ほど加熱する。

いつもの朝ごはん

シンプルだけど、食べあきないわが家の朝ごはん。

たんぱく質は卵料理で

目玉焼き

エネルギー 101kcal たんぱく質 6.8g 食物繊維 0g

材料

卵…2個
水…大さじ1
塩…少々
油…小さじ1

作り方

1 フライパンに油を熱し、卵を割り入れる。
2 1分焼き、水を加えてふたをして3分焼く。器に盛り塩を振る。

朝の野菜はみそ汁で！

野菜たっぷり基本のみそ汁

エネルギー 31kcal たんぱく質 1.9g 食物繊維 1.5g

材料

冷凍みそ玉…2個（p26参照）
湯…200㎖
万能ねぎ（小口切り）…小さじ1

作り方

1 冷凍みそ玉を解凍する。湯を注ぎ、ねぎを散らす。
＊耐熱容器に入れ、電子レンジで解凍してもOK。

＋ごはん1杯（150g）

エネルギー 252kcal たんぱく質 3.8g 食物繊維 0.5g

TOTAL
エネルギー 384kcal
たんぱく質 12.5g
食物繊維 2g

手作りだから
野菜を好きなだけ
入れられる！

朝ごはんにちょい足し

マンネリにならないように、朝ごはんにちょい足しをすることもあります。みそ汁にはとろろ昆布や乾燥わかめ、豆腐などを入れて。ごはんには手作りのごはんのおとも（p33参照）を。鮭はたんぱく質をプラスできるので、お弁当にも使っています。

だしがきいている味玉

エネルギー 114kcal たんぱく質 7.4g 食物繊維 0g

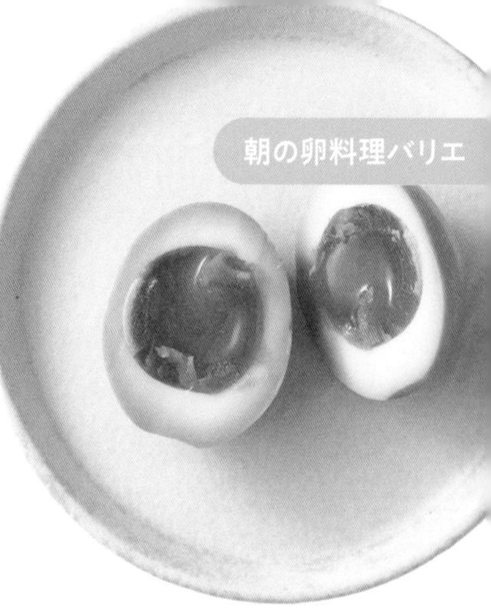

材料（4人分）

ゆで卵…4個

A
- 砂糖…大さじ1
- しょうゆ…大さじ2
- みりん…大さじ2
- 和風だしの素（顆粒）…小さじ1
- 水…100mℓ

作り方

1 Aを耐熱容器に入れて電子レンジで1分加熱する。

2 ゆで卵の殻をむき、保存用袋に入れ、1を入れる。ときどきまぜながら冷蔵庫で一晩寝かせる。

ふわふわスクランブルエッグ

エネルギー 102kcal たんぱく質 7.3g 食物繊維 0g

材料

卵…2個

A
- 牛乳…大さじ2
- 塩、こしょう…各少々

油…小さじ1/2

作り方

1 ボウルに卵を割り入れてとく。Aを加えてまぜる。

2 フライパンに油を熱し、1を流し入れて弱〜中火にかける。ふちが固まってきたら、箸などでふちを真ん中に寄せる。

3 少しやわらかいと感じるくらいで火を止め、器に盛る。残り半量も同様に作る。

簡単だし巻き卵

エネルギー 103kcal たんぱく質 6.9g 食物繊維 0g

材料

卵…2個

A
- 和風だしの素（顆粒）…小さじ1/3
- 水…大さじ3

油…小さじ1

作り方

1 ボウルに卵を割り入れてとく。Aを加えてまぜる。

2 卵焼き器に油を熱し、1の半量を流し入れて弱〜中火にかける。ふちが固まってきたら箸で手前から寄せるようにしながら、2回巻いて奥に押す。

3 残りの卵液を手前に流し入れ、焼いた奥の卵焼きを少し持ち上げるようにして下にも入れる。奥から手前に巻く。食べるときに好みでしょうゆ（材料外）をかける。

朝は目玉焼きが定番ですが、夜、時間があるときは味玉を、朝少し余裕があるときは、卵焼きなどを作ることもあります。

ごはんのおともを格上げ

わが家の定番のごはんのおともです。
自分で作れば、気になる塩分も調整できるし、
栄養たっぷりのものができます。

小松菜ふりかけ

エネルギー 28kcal　たんぱく質 1.3g　食物繊維 0.6g

材料（10回分）

小松菜…1束（300g）
ちりめんじゃこ…大さじ3
A
- しょうゆ…大さじ1/2
- みりん…大さじ1/2
- 塩…小さじ1/2
- 削り節…1パック（2g）
- 白いりごま…大さじ2

ごま油…大さじ1

作り方

1 小松菜はこまかく刻む。
2 フライパンにごま油を熱し、1とちりめんじゃこを3分ほどいためる。
3 Aを加え、水けがなくなるまでいため合わせる。

手作り鮭フレーク

エネルギー 74kcal　たんぱく質 7.5g　食物繊維 0g

材料（6回分）

生鮭…2切れ
A
- 酒…大さじ2
- みりん…大さじ2
- 白だし…大さじ1
- 水…大さじ4

ごま油…大さじ1/2

作り方

1 生鮭は骨をとる。
2 フライパンに1とAを入れる。ふつふつとしてきたらふたをして3分、弱～中火にかける。
3 皮をとり除き、身をほぐす。ごま油を加えて、水分を飛ばすようにいためる。

お休みの日の朝に

パンが食べたいときは、野菜もいっしょに

具をギューッと詰め込んで

野菜たっぷりカスクート

エネルギー 358kcal たんぱく質 10.6g 食物繊維 3g

材料

フランスパン…1本(小さめのもの)
きゅうり…1/3本
塩…少々
トマト…1/2個
レタス…1枚
ベーコン…2枚
黒こしょう…4振り
A マヨネーズ…大さじ1
A イエローマスタード…小さじ1(マスタードがない場合はからし小さじ2/3)
オリーブ油…少々

作り方

1 フランスパンは長さを半分に切り、横に深く切り込みを入れる。きゅうりは斜め薄切りにして塩を振る。トマトは5mm幅の輪切りにする。レタスは3cm四方にちぎる。

2 フライパンにオリーブ油を入れて火にかける。ベーコンを並べて両面を焼き、黒こしょうを多めに振る。

3 フランスパンをトースターでカリッとするまで焼く(約3分)。Aをまぜ、1/2量ずつフランスパンの切れ目の両側に塗る。

4 1/2量ずつレタス、きゅうり、ベーコン、トマトの順にはさむ。同様にもうひとつ作る。

+キウイフルーツ(1/2個)

エネルギー 19kcal たんぱく質 0.4g 食物繊維 0.9g

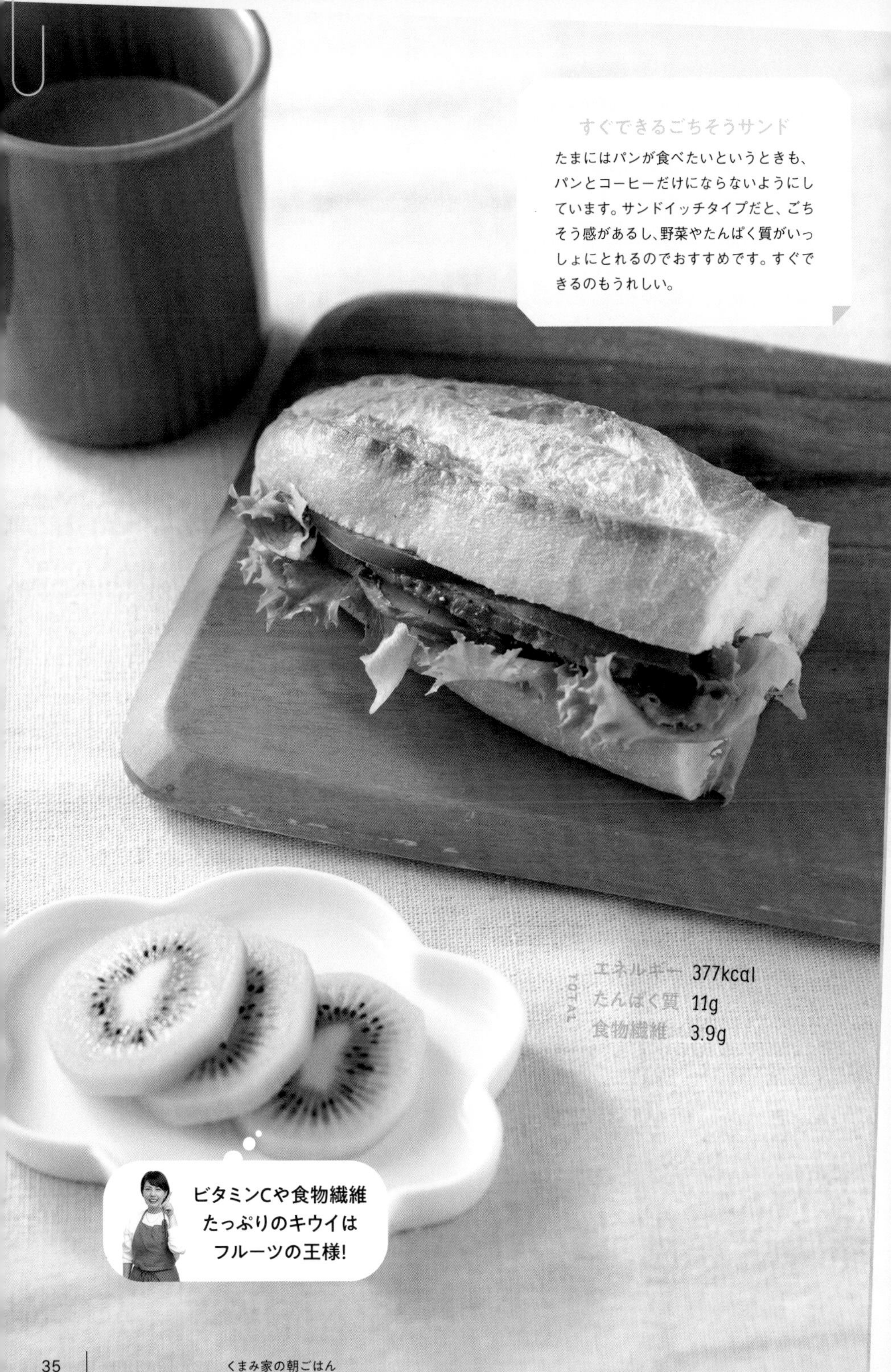

すぐできるごちそうサンド

たまにはパンが食べたいというときも、パンとコーヒーだけにならないようにしています。サンドイッチタイプだと、ごちそう感があるし、野菜やたんぱく質がいっしょにとれるのでおすすめです。すぐできるのもうれしい。

TOTAL

エネルギー	377kcal
たんぱく質	11g
食物繊維	3.9g

ビタミンCや食物繊維
たっぷりのキウイは
フルーツの王様!

COLUMN 1

フルタイムワーママの時短のコツ

特別なことをしているわけではありませんが、
時短のためにしていることを紹介します。

煮ている間に別の料理を

手早く調理できるように、その日の献立で使う野菜は、料理ごとではなくまとめて切ってボウルに入れて準備。そして、煮たり焼いたりしている間にもう1品。例えば魚を焼いている間に、いためものをしたりサラダを作ったり、「段取りよく、20分で」が目標です。

買い物は1週間分まとめて

だいたい1週間で使いきる分を、週末にまとめて購入。献立をきちんと決めてから買い物に行くわけではなく、もやし、にんじん、小松菜などよく使う定番の野菜、肉、魚、卵などに加えて、栄養の多い旬のもの、特売になっているものを選んでいます。

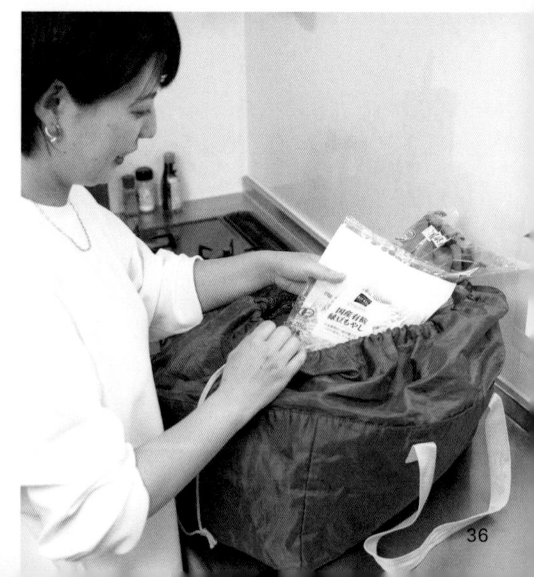

キッチンは なるべく広く使う

よく使うものは、扉を開けなくてもすぐにとり出せるように、冷蔵庫と食器棚の脇に収納。

キッチンはさみで万能ねぎなどの野菜を切ることも。ここにあればすぐに作業できます。

システムキッチンの上に物を置いてしまうと、作業する場所が狭く、効率が悪くなるため、できるだけ物を置かないようにしています。必要なものをサッと手にとれるように、コンロで使うものは上部に、ワークトップで使うものはコンロ横に磁石で吊り下げ収納。

冷凍庫をフル活用

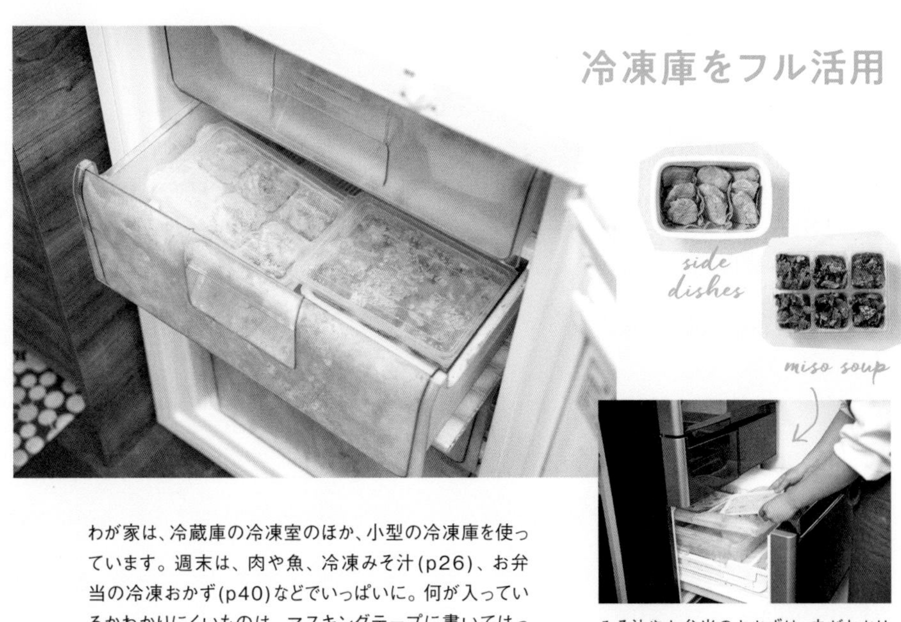

わが家は、冷蔵庫の冷凍室のほか、小型の冷凍庫を使っています。週末は、肉や魚、冷凍みそ汁(p26)、お弁当の冷凍おかず(p40)などでいっぱいに。何が入っているかわかりにくいものは、マスキングテープに書いてはっています。

みそ汁やお弁当のおかずは、夫がわかりやすいように小型冷凍庫の定位置に。

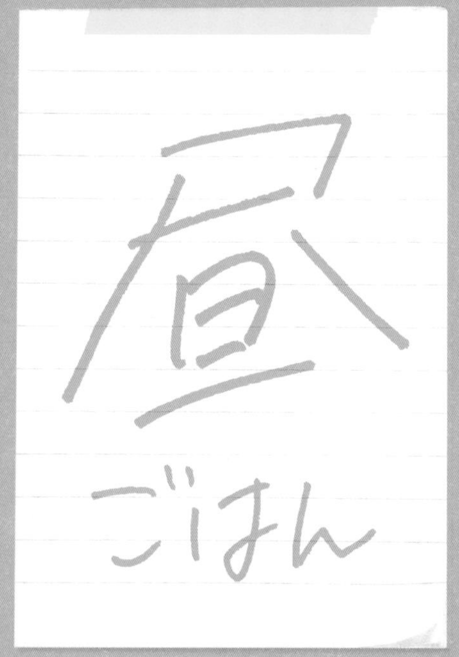

ここでご紹介する料理は、
もともと夕食のおかずを兼ねて作っているもの。
多めに作ってお弁当用に小分けして冷凍しています。
その中から、冷めてもおいしいものを選びました。
お弁当はもちろん、夕食にもおすすめです。

Myお気に入りおかず弁当
うまそう〜
午後も頑張らな

冷凍

くまみ家の昼ごはん

セレクト弁当

lunch

BASIC COMBINATION

たんぱく質がとれる主菜2品

＋

食物繊維やビタミンがたっぷりの副菜2品

＋

ごはん

選べるから毎朝楽しい！

好きなおかずを選んで詰める！

おかずを作ったら、冷ましてお弁当カップに。冷凍保存用容器に並べてふたをして冷凍。

朝、冷凍庫からとり出して好きなおかずをセレクト。電子レンジで解凍します。

全部茶色にならないように、野菜のおかずの彩りも考えて組み合わせ。

毎朝、お弁当は夫が詰めています。といっても、ごはん以外は、冷凍しているおかずの中から好きなものを選んで、電子レンジで解凍して入れるだけ。卵を入れるときは、作りおきのゆで卵や電子レンジですぐにできるものを。肉や魚、卵など、たんぱく質がとれるものが2品と、野菜のおかず2品のセレクト弁当です。

おかずを作りおきするのは大変！と思われるかもしれませんが、ほとんどは夕食のおかずを多く作って冷凍しているだけなので、そんなに手間ではありません。

今日のお弁当

ハムエッグを加えてたんぱく質増。
彩りよく野菜を添えて。

TOTAL
エネルギー 524kcal
たんぱく質 30.5g
食物繊維 3.4g

MAIN

冷めてもやわらかく、
ダイエット中のお弁当にぴったり

タンドリーチキン

エネルギー 106kcal たんぱく質 15.6g 食物繊維 0.3g

材料（4人分）

鶏むね肉（皮なし）
…1枚（255g）

A
- ヨーグルト…大さじ2
- しょうゆ…大さじ1/2
- みりん…大さじ1
- トマトケチャップ…大さじ1
- カレー粉…小さじ1
- コンソメスープの素（顆粒）…小さじ1
- おろししょうが、おろしにんにく…各少々

油…少々

作り方

1 鶏むね肉は一口大になるようにそぎ切りにする。Aをまぜて鶏肉をつける（10分以上）。

2 フライパンに油を熱し、鶏肉を並べてふたをして焼く。

3 表面が白っぽくなってきたら返して弱～中火にして焼く。

レンチンでたんぱく質をプラス

ハムエッグ

エネルギー 103kcal たんぱく質 8.4g 食物繊維 0g

材料

ハム…2枚
卵…2個
塩、こしょう…各少々

作り方

1 小さめの耐熱容器にハム1枚を入れる。ハムの上から卵を割り入れて卵黄にフォークで数カ所穴をあける。塩、こしょうを振り、軽くラップをかける。

2 電子レンジで1分30秒加熱する。同様にしてもうひとつ作る。

＊ココットを使うと、お弁当に入れやすい大きさに。

コーンとにんじんがあればすぐできる

にんじんしりしり

エネルギー 44kcal たんぱく質 1g 食物繊維 1.7g

材料

にんじん…1/2本
ホールコーン缶
…1/4缶（100g）
塩…小さじ1/4
ごま油…小さじ1/2

作り方

1 にんじんは細切りにする（スライサーを使うと早い）。コーンは水けをきっておく。

2 フライパンにごま油を熱し、1を3分ほどいためる。仕上げに塩を振り、味をととのえる。

ビタミンB群がダイエットを応援！

ブロッコリーの粉チーズあえ

エネルギー 19kcal たんぱく質 1.7g 食物繊維 0.9g

材料

（作りやすい分量、5×8cmほどのおかずカップ約8個分）

ブロッコリー…1株
コンソメスープの素（顆粒）…大さじ1

A
- 粉チーズ…大さじ1
- こしょう…少々

作り方

1 ブロッコリーは小房に分ける。

2 小さめのフライパンに、コンソメスープの素と水100mℓ（材料外）を入れて軽くまぜる。ブロッコリーを加えて火にかけ、沸騰してきたらふたをして弱火で2分煮る。

3 ざるに上げ、あら熱がとれたらボウルに入れ、Aを加えてあえる。

＋ごはん1杯（150g）
エネルギー 252kcal たんぱく質 3.8g 食物繊維 0.5g

今日のお弁当

栄養バランスよく野菜やきのこを入れて。

缶詰活用で手軽にダイエット

さば缶のトマト煮

エネルギー 134kcal たんぱく質 12.4g 食物繊維 1.8g

材料（4人分）

さば水煮缶
…1缶（190g）

A
- トマト水煮缶
…1/2缶（200g）
- ミックスビーンズ
…1パック（50g）
- 酒…大さじ1
- 塩、こしょう…各少々
- しょうゆ…小さじ1
- みそ…小さじ1
- コンソメスープの素（顆粒）…小さじ2

刻みパセリ…適量

作り方

1 さばの骨をとる（気にならない場合はそのままでOK）。

2 鍋にAを入れて火にかける。煮立ったら1を入れ、ふたをして弱火で15分煮る。

3 器に盛り、刻みパセリを散らす。

あっと言う間にできる一品

小松菜の塩昆布あえ

エネルギー 31kcal たんぱく質 1.4g 食物繊維 1.3g

材料（4人分）

小松菜…2/3束（200g）
ごま油…小さじ1

A
- 塩昆布…大さじ1
- しょうゆ…小さじ1/2
- 白いりごま…大さじ1

作り方

1 小松菜は3cm長さに切る。

2 フライパンにごま油を熱し、1の小松菜を1分いためる。

3 火を止め、Aを加えてあえる。

低カロリーでうまみがつまった

きのこのしょうが煮

エネルギー 22kcal たんぱく質 1.6g 食物繊維 2g

材料（4人分）

えのきたけ
…1袋（100g）
しめじ
…1パック（100g）
しいたけ…3個

A
- 酒…小さじ2
- しょうゆ…小さじ1
- みりん…小さじ2
- おろししょうが
…小さじ1/2

作り方

1 きのこは石づきをとり、えのきたけは3等分、しめじは2等分にする。しいたけは半分に切って5mm幅に切る。

2 鍋に1とAを入れて火にかける。5分ほどまぜながら煮詰めていく。

ひと手間でおいしい

ゆで卵マヨ

エネルギー 66kcal たんぱく質 3.3g 食物繊維 0g

材料

ゆで卵…1個
マヨネーズ…小さじ1

作り方

1 ゆで卵を縦半分に切り、白身をくずさないように黄身をとり出す。

2 ボウルに1の黄身とマヨネーズを入れてあえ、半量ずつを白身の中に戻し入れる。

＋ごはん1杯（150g）

エネルギー 252kcal たんぱく質 3.8g 食物繊維 0.5g

TOTAL
エネルギー 505kcal
たんぱく質 22.5g
食物繊維 5.6g
冷めても
おいしい
組み合わせ

豚肉には
脂質の代謝に欠かせない
ビタミンB_1が！

ボリューム満点のトンテキ

エネルギー 351kcal
たんぱく質 20.6g
食物繊維 0.5g

材料

豚ロース厚切り肉（とんかつ用）…2枚
塩…ふたつまみ
黒こしょう…8振り
小麦粉…大さじ1
A
- 砂糖…小さじ1
- しょうゆ、みりん…各小さじ2
- おろししょうが、おろしにんにく…各小さじ1

バター…5g
油…小さじ1
キャベツ、きゅうり…各適宜

作り方

1. 豚肉は横半分に切ってから2㎝幅に切る。塩、黒こしょうで下味をつけて小麦粉をまぶす。
2. フライパンに油を引き、バターを入れて熱し、バターがとけたら豚肉を並べる。焼き色がついたら返し、ふたをして両面に焼き色がつき、火が通るまで弱～中火で焼く。
3. 火を止めてフライパンの油をキッチンペーパーでふきとる。Aを加えて中火にかけ、肉にからめながら焼く。
4. 器に盛り、キャベツのせん切り、きゅうりの斜め薄切りを添える。

＊写真は2人分です。

玉ねぎたっぷりで血液サラサラに

豚肉のしょうが焼き

エネルギー 333kcal たんぱく質 20.6g 食物繊維 0.8g

材料

豚ロース薄切り肉…200g
玉ねぎ…1/2個
小麦粉…小さじ1
A しょうゆ…大さじ1
　みりん…大さじ1
　おろししょうが…小さじ1/2
油…小さじ1

作り方

1 豚肉は3cm幅に切る。玉ねぎは繊維に沿って薄切りにする。

2 1の豚肉をポリ袋に入れ、小麦粉を加えて袋ごと振って全体にまぶす。

3 フライパンに油を熱し、1の玉ねぎを半透明になるまでいためる。2を加えてさらにいためる。

4 肉の色が変わってきたら、まぜたAを加えていため合わせる。

栄養価の高い小松菜と
豚肉で元気UP！

豚巻き小松菜にんにくだれ

エネルギー 257kcal
たんぱく質 16.3g
食物繊維 1.2g

材料

豚ロース薄切り肉…150g
小松菜…1/2束（150g）
A しょうゆ…大さじ1
A みりん…大さじ1
A おろしにんにく…小さじ1
ごま油…小さじ1

作り方

1 小松菜は3㎝長さに切る。
2 1を少量ずつ豚肉にのせ、端から巻く。
3 フライパンにごま油を引き、2を並べる。ふたをして中〜弱火で約3分焼き、表面が白っぽくなってきたら返して同様に約１分加熱する。
4 まぜたAを加え、味をからませる。

＊写真は2人分です。

甘さ控えめで
野菜たっぷり

回鍋肉

エネルギー 356kcal
たんぱく質 22g
食物繊維 2.4g

材料

豚ロース薄切り肉…200g
A みそ、みりん…各大さじ1
焼き肉のたれ…小さじ2
豆板醤…小さじ1
キャベツ…1/8個
ピーマン…2個
鶏ガラスープの素（顆粒）…小さじ1
油…小さじ1

作り方

1 豚肉は3㎝幅に切る。ポリ袋にA、豚肉を入れてもみこむ。キャベツは2㎝四方に切る。ピーマンは縦に4等分に切ってから斜め半分に切る。

2 フライパンに油を熱し、キャベツ、ピーマンをいためる。1分ほどいため、火が通ったら鶏ガラスープの素を入れていため合わせ、いったんとり出す。

3 豚肉を2のフライパンに入れて弱～中火でいためる。

4 豚肉の色が変わったら、2の野菜をもどし入れ、さっといため合わせる。

疲労回復や
アンチエイジングにも

鶏肉のノルウェー風

エネルギー 357kcal たんぱく質 25.3g 食物繊維 0.5g

材料

鶏もも肉…大1枚(300g)
塩…ひとつまみ
こしょう…5振り
かたくり粉…大さじ1
A
トマトケチャップ…大さじ2
ウスターソース…小さじ1/2
砂糖…小さじ1/2
油…小さじ1/2
サニーレタス…適宜

作り方

1 鶏もも肉を一口大に切る。ポリ袋に入れ、塩、こしょうで下味をつける。かたくり粉を加えて袋ごと振って全体にまぶす。

2 フライパンに油を引き、鶏肉を並べ、火が通るまで両面を焼く。

3 Aをまぜて2にまわし入れ、味をからませる。

4 器に盛り、サニーレタスを添える。

＊写真は2人分です。

ダイエット中は良質のたんぱく質を！

鶏むね肉のチーズパン粉焼き

エネルギー 353kcal　たんぱく質 38.2g　食物繊維 0.3g

材料

鶏むね肉（皮なし）…1枚（255g）
塩…ふたつまみ
こしょう…少々
とき卵…1個分
A　パン粉…大さじ5
　　粉チーズ…大さじ3
バター…10g
オリーブ油…大さじ1

作り方

1 鶏むね肉は薄切りにする。塩、こしょうを全体に振り、とき卵、まぜたAの順につける。

2 フライパンにオリーブ油を引き、バターを入れて熱し、バターがとけたら1の鶏肉を並べる。焼き色がつくまでふたをして3分ほど焼く。ふたをとり、返してさらに3分ほど焼く。

3 器に盛り、お好みでレモンをのせ、黒こしょう（各材料外）を振る。

*写真は2人分です。

揚げずにカロリーダウン。外はカリッ、中はじゅわっ！

から揚げ風チキン

エネルギー 354kcal　たんぱく質 24.2g　食物繊維 0g

材料

鶏もも肉…1枚（280g）

A
- しょうゆ、酒…各大さじ1
- おろししょうが、おろしにんにく…各小さじ1/2
- 鶏ガラスープの素（顆粒）、ごま油…各小さじ1

かたくり粉…大さじ2

作り方

1. 鶏肉は一口大に切り、ポリ袋に入れる。Aを入れてもみこみ、15分以上おく。
2. 1のポリ袋にかたくり粉を加えて袋ごと振る。オーブンの天板にクッキングシートを敷き、皮が上になるように鶏肉を並べる。
3. 200℃に予熱したオーブンで15～20分、焼き色がついて火が通るまで焼く。

ピーマンは太めの輪切りに

ピーマンの肉詰めは、縦に半分に切るよりも太めの輪切りにすると食べやすくなります。焼くときも保存するときも扱いやすいのでおすすめです。お弁当にもぴったりのサイズです。

合いびき肉で
ふんわりした食感に

一口サイズのピーマンの肉詰め

エネルギー 442kcal
たんぱく質 23.4g
食物繊維 1.6g

材料

合いびき肉…200g
ピーマン…5個
かたくり粉…大さじ2
卵…1個
A 牛乳…大さじ2
　パン粉…大さじ2
塩、こしょう…各少々
(あれば)ナツメグ(パウダー)…3振り
B しょうゆ…大さじ1 1/2
　みりん…大さじ1 1/2
　酒…大さじ1 1/2
　砂糖…大さじ1/2
油…小さじ1

作り方

1 ピーマンのへたと底の部分を切り落とし、横に3等分に切る。かたくり粉と一緒にポリ袋に入れて袋ごと振る。

2 ボウルにひき肉、卵、A、塩、こしょう、ナツメグを入れてねりまぜる。1のピーマンに詰める。

3 フライパンに油を熱し、いったん火を止め、2を並べる。再び火にかけてふたをし、焼き色がつくまで3分ほど焼く。返して、火が通るまで3分ほど焼く。

4 Bをまぜてまわしかけ、弱火にして全体に味をからめる。

*写真は2人分です。

鮭はダイエット時のおすすめ食材

鮭のちゃんちゃん焼き

エネルギー 241kcal たんぱく質 25.4g 食物繊維 3g

材料

鮭…2切れ
キャベツ…120g
しめじ…1パック（100g）
塩…ふたつまみ
バター…10g
A みそ、みりん…各大さじ1
　 砂糖…小さじ1/2
油…小さじ1/2

作り方

1 鮭は骨をとり、一口大に切る。キャベツはざく切りにする。しめじは石づきをとり、小房に分ける。

2 フライパンに油を熱し、キャベツ、しめじを入れて3分ほどいためる。塩を振って調味し、いったん皿にとり出す。

3 2のフライパンにバターを入れてとかす。鮭を並べて片面3分ほどずつ焼く。

4 2を戻し入れてAを加え、全体をいため合わせる。皿に盛り、お好みで黒こしょう（材料外）を振る。

高たんぱく、
低カロリーのたらを使って

たらの カレームニエル

エネルギー 116kcal
たんぱく質 18.1g
食物繊維 0.5g

材料

たら…2切れ
塩、こしょう…各少々
A 小麦粉…大さじ1
A カレー粉…小さじ1
オリーブ油…小さじ1

作り方

1 たらは骨をとり、一口大（4等分）に切る。水けをふきとり、塩、こしょうを全体に振る。
2 Aはまぜ、1に薄くまぶす。
3 フライパンにオリーブ油を熱し、弱～中火で火が通るまで両面を焼く。

EPAやDHAがたっぷり

さばの
中華ねぎ焼き

エネルギー 230kcal
たんぱく質 14.3g
食物繊維 0.2g

材料

さば…1/2尾
A
- 万能ねぎ(小口切り)…大さじ2
- しょうゆ…大さじ1 ½
- みりん…大さじ1 ½
- おろししょうが、おろしにんにく…各小さじ1/2
- ごま油…大さじ1/2

サニーレタス…適宜

作り方

1 さばは食べやすい大きさに切る。

2 ボウルにAを入れてまぜる。さばを加えてあえ、10分おく。

3 オーブンの天板にクッキングシートを敷き、2のさばを並べる。200℃に予熱したオーブンで焼き色がつくまで15分ほど焼く。

4 器にサニーレタスを敷き、3を盛りつける。

*写真は2人分です。

生活習慣病予防の栄養たっぷり。冷めてもやわらかい！

ぶりの照り焼き

エネルギー 234kcal たんぱく質 17.8g 食物繊維 0g

材料

ぶり…2切れ

A
- しょうゆ…大さじ1/2
- みりん…大さじ1/2

B
- 砂糖…大さじ1/2
- しょうゆ…大さじ1/2
- かたくり粉…小さじ1/2
- 水…大さじ2

作り方

1 ぶりは一口大に切り、水けをふきとる。まぜ合わせたAに10分ほどつける。

2 クッキングシートを敷いたオーブンの天板に並べ、180℃に予熱したオーブンで15分焼く。

3 小鍋にBを入れてまぜ、火にかけてとろみをつけ、たれを作る。焼きあがったぶりにたれをからめる。

脂肪の代謝にかかわるビタミンなどが豊富

ほたての和風煮

エネルギー 81kcal たんぱく質 12.2g 食物繊維 0g

材料

ベビーほたて…20個
砂糖…小さじ1/2
しょうゆ、みりん…各大さじ1/2
おろししょうが…小さじ1/3

作り方

1 ほたてはキッチンペーパーで水けをとる。
2 小さめのフライパンに、材料をすべて入れて火にかける。
3 煮立ってきたら弱火にし、返しながら3分ほど煮る。

豆腐を入れてボリュームアップ

豆腐のみそつくね

エネルギー 298kcal たんぱく質 23.1g 食物繊維 0.4g

材料

木綿豆腐…1/2丁（150g）

A
- 鶏ひき肉（もも）…200g
- しょうゆ…小さじ1/2
- みそ、みりん…各小さじ1
- 和風だしの素（顆粒）…小さじ1/2
- かたくり粉…大さじ1

油…大さじ1/2

作り方

1 キッチンペーパーで豆腐の水けをふき、ボウルに入れて手でなるべく小さくくずす。Aを加えて手早くまぜる。

2 フライパンに油を引いて火にかけ、なじませたら火を止める。1を8等分し、円形にまとめてフライパンに並べる。

3 ふたをして弱〜中火で焼く。焼き色がついて表面が白くなってきたら返して、同様に焼く。

痩せたいときも栄養満点の食事を！

四角いフリッタータ

エネルギー 80kcal たんぱく質 5.6g 食物繊維 0.3g

材料（4人分）

卵…3個
ブロッコリー…1/4株
玉ねぎ…1/4個
A
ピザ用チーズ…大さじ1
牛乳…大さじ1
おろしにんにく…小さじ1/2
塩、こしょう…各少々
オリーブ油…小さじ2

作り方

1 ブロッコリーは1cm角くらいになるように切る。玉ねぎはあらいみじん切りにする。

2 ボウルに卵を割り入れてとく。Aを加えてまぜる。

3 卵焼き器にオリーブ油小さじ1を熱し、1を入れていため、玉ねぎがしんなりしてきたら火を止め、2に加えまぜる。

4 同じ卵焼き器に残りのオリーブ油を熱し、3を流し入れ、ふたをして弱火で15分ほど焼く。

5 表面が乾いてきたらお皿をかぶせて返し、そのまま滑らせて卵焼き器にもどす。さらに3分焼く。12等分にし、器に盛る。

副菜

ちりめんじゃこで
ビタミン、ミネラルを強化

ほうれんそうのおひたし

エネルギー 21kcal　たんぱく質 2.2g　食物繊維 1.2g

材料(4人分)

ほうれんそう
…1束(200g)
ちりめんじゃこ…10g
A しょうゆ、みりん
…各小さじ1
和風だしの素
(顆粒)
…小さじ1/4
白いりごま…小さじ1

作り方

1 ほうれんそうは3cm長さに切る。1分ほどゆでて流水で冷まし、水けを絞る。

2 Aは耐熱容器に入れ、電子レンジで30秒加熱してまぜる。

3 2に1を加えてあえる。さらに、ちりめんじゃこを加えてさっとあえる。器に盛り、ごまを振る。

食物繊維やミネラル
たっぷりとって腸活を

ひじきの煮物

エネルギー 84kcal　たんぱく質 5.3g　食物繊維 3.2g

材料(4人分)

ひじき(乾燥)…20g
ツナ水煮缶
…小1缶(70g)
にんじん…1/2本
油揚げ…1枚
A 砂糖…大さじ1
しょうゆ、みりん
…各大さじ2

作り方

1 ひじきは袋の表記通りにもどす。ツナは水切りする。にんじんは半月切りにする。油揚げは縦に4等分してから5mm幅に切る。

2 鍋に、にんじん、水けをきったひじき、Aを入れる。水(材料外)をひたひたになるまで加え、にんじんがやわらかくなるまで10分ほど煮る。

3 ツナ、油揚げを加えてひと煮立ちさせる。

野菜のおかずがほしいときに
すぐにできる

ピーマンのおかかいため

エネルギー 19kcal たんぱく質 1.0g 食物繊維 0.6g

材料

ピーマン…2個
A 鶏ガラスープの素（顆粒）…小さじ1/3
A 削り節…1パック（2g）
ごま油…小さじ1/2

作り方

1. ピーマンは細切りにする。
2. フライパンにごま油を熱し、1を1分いためる。
3. Aを合わせて加え、さっといため合わせる。

低カロリー、低糖質で
ダイエットの味方

切り干し大根の煮物

エネルギー 47kcal たんぱく質 1.7g 食物繊維 1.6g

材料（4人分）

切り干し大根（乾燥）…20g
にんじん…1/2本
油揚げ…1/2枚
A しょうゆ、みりん…各大さじ1
A 和風だしの素（顆粒）…小さじ1/2

作り方

1. 切り干し大根は袋の表記通りにもどす。にんじんは細切りにする。油揚げは縦に4等分してから5㎜幅に切って熱湯をかけ、油抜きをする。
2. 鍋に、切り干し大根、にんじん、Aを入れる。水（材料外）をひたひたになるまで加えて、にんじんがやわらかくなるまで10分ほど煮る。
3. 油揚げを加えてひと煮立ちさせる。

カリウムや食物繊維で
体をすっきり

れんこんのきんぴら

エネルギー 182kcal　たんぱく質 8.6g　食物繊維 1.1g

材料

れんこん…
小1節(120g)
合いびき肉…80g
A
砂糖…小さじ1
しょうゆ…小さじ2
みりん…小さじ2
ごま油…小さじ1
白いりごま…ふたつまみ

作り方

1 れんこんはいちょう切りにする。
2 フライパンにごま油を熱し、れんこんを3分ほどいため、さらにひき肉を加えていためる。
3 肉の色が変わったら、Aを加え、全体にからめる。器に盛り、ごまを振る。

脂肪を効率よく燃焼させる
ビタミンをとろう

パプリカの和風マリネ

エネルギー 24kcal　たんぱく質 0.4g　食物繊維 0.5g

材料

パプリカ(赤、黄)
…各1/4個
塩…少々
A
砂糖…小さじ1/2
酢…小さじ1
昆布茶…小さじ1/2
オリーブ油…小さじ1/2

作り方

1 パプリカは横半分に切ってから細切りにする。
2 フライパンにオリーブ油を熱し、1をさっといため、塩を振る。
3 Aはボウルに入れてまぜる。2が熱いうちに加えてあえ、冷ます。
4 器に盛り、お好みで乾燥パセリ(材料外)を散らす。

お休みの日のランチ

丼ものやそばは休日に!

丼ものは早食いになるし、栄養が偏りがち。野菜を入れてかみごたえアップ!

避けたい丼ものには、かみごたえのあるごぼうを入れて

ごぼう入りそぼろ丼

エネルギー 578kcal
たんぱく質 22g
食物繊維 4.3g

材料

合いびき肉…100g
ごぼう…1/2本
こんにゃく…1/2枚(100g)
酒…大さじ2
A 砂糖、しょうゆ、みそ…各大さじ1
卵…2個
和風だしの素(顆粒)…小さじ1/2
ごはん…2杯分
油…大さじ1/2

作り方

1 ごぼうとこんにゃくは5㎜角くらいに刻む。こんにゃくは下ゆでをする。

2 フライパンに、ごぼう、酒、水100㎖(材料外)を入れて5分ほど火にかける。ひき肉、こんにゃく、Aを加え、肉の色が変わるまでいためる。

3 ボウルに卵を割り入れ、だしの素、水大さじ3(材料外)を加えてまぜる。別のフライパンに油を熱してなじませ、卵液を一度に入れる。箸で少しまぜながら、半熟の手前で火を止める。

4 器に盛ったごはんに3、2の順にのせる。

つけて食べるからゆっくり食べに!

鶏とねぎのあったかつけそば

エネルギー 389kcal たんぱく質 18.4g 食物繊維 4.6g

材料

そば(ゆで)…2玉(320g)
鶏もも肉…100g
長ねぎ…1/2本
まいたけ…1/2パック(50g)
A 砂糖…小さじ1
A しょうゆ…大さじ2
A みりん…大さじ2
A 和風だしの素(顆粒)…小さじ1/2
水…200mℓ

作り方

1 鶏もも肉は1cm厚さのそぎ切りにする。ねぎは斜め切りにする。まいたけは食べやすい大きさにさく。

2 鍋に1と水大さじ2(分量外)を入れていためる。ねぎがやわらかくなってきたらAを加えて全体をまぜ、水を加えて煮立てる。

3 そばは袋の表記通りにゆで、流水で洗って器に盛る。2を小さい器に入れて添える。

COLUMN 2

ビタミンB群で三大栄養素の消化・吸収を助けよう

ビタミンB群はダイエットに欠かせない栄養素。意識してとり、ダイエット効率を高めましょう。

糖質、脂質、たんぱく質の代謝にかかわるビタミンB群

ビタミンB群は、ビタミンB_1、B_2、B_6、B_{12}、ナイアシン、パントテン酸、葉酸、ビオチンの8種類の水溶性ビタミンのことをさします。体内のエネルギー代謝には、このビタミンB群がかかわっています。エネルギーの源となるのは、糖質、脂質、たんぱく質の三大栄養素。これらがエネルギーとなって代謝されるために、ビタミンB群は欠かせません。

なかでもビタミンB_1、B_2、B_6は、それぞれ糖質、脂質、たんぱく質の消化・吸収に深くかかわっています。ダイエットをするときの食事は、ビタミンB群を意識して、多く含まれる食材を選ぶことも大切です。

ビタミンB群は水溶性のため水に流出しやすいので、長時間水につけるのは避けて。スープや鍋などにすると、溶けだした栄養もとることができます。

ビタミンB1

を多く含む食材

豚肉（ロース、ヒレ、レバー）やうなぎ、鮭、えのきたけ、穀類、大豆、ごまなどに多く含まれます。不足すると、疲れやすくなるので気をつけましょう。

ビタミンB2

を多く含む食材

肉のレバーのほか、鶏卵、すじこ、まいたけ、モロヘイヤ、焼きのりなどに多く含まれます。お酒は脂肪の分解の邪魔をするため、飲むときはビタミンB2を多めにとりましょう。

ビタミンB6

を多く含む食材

かつおやまぐろ、さんま、ぶり、じゃがいも、さつまいも、アボカド、バナナ、すいかなどに多く含まれます。不足すると、肌荒れや口内炎、の原因にも。

COLUMN 3

体を動かさず、腸を動かして痩せさせる

**食べたものを体にためこんでいては、ダイエットになりません。
腸を動かす食事をしましょう。**

体内にためこまないように、便秘に効く食事を出すのも「夫をこっそり痩せさせる」ため。腸活を進めるには、規則正しい食事と、食物繊維の多い食材や発酵食品、オリーブ油は欠かせません。

食物繊維には、水に溶けて糖やコレステロールの吸収を防ぐ水溶性のものと、水に溶けにくく、水分を吸収してふくらんで便のかさを増し、腸の動きを促す不溶性のものがあり、どちらも腸内環境をととのえ、排泄を促すために必要なものです。

また、発酵食品に含まれる菌類が腸内の善玉菌のエサになり、善玉菌が増えると腸を動かして便秘解消につながります。

油は排泄をなめらかにするために必要なものですが、特にオレイン酸が多く含まれているオリーブ油には腸の運動を助ける働きが期待できます。

腸活におすすめの食材

食物繊維を多く含む食材

水溶性の食物繊維は、海藻類やごぼう、大麦などに多く、不溶性は小豆や大豆製品、きのこ類、切り干し大根に多く含まれています。

サラダにオリーブ油をかけて

おなかがすっきりしない日は、野菜サラダにオリーブ油小さじ1と塩少々を振って。

便秘解消には発酵食品を

キムチやみそ、ヨーグルトなどの発酵食品を食べると、善玉菌のエサになり、かさが増えて便が出やすくなります。

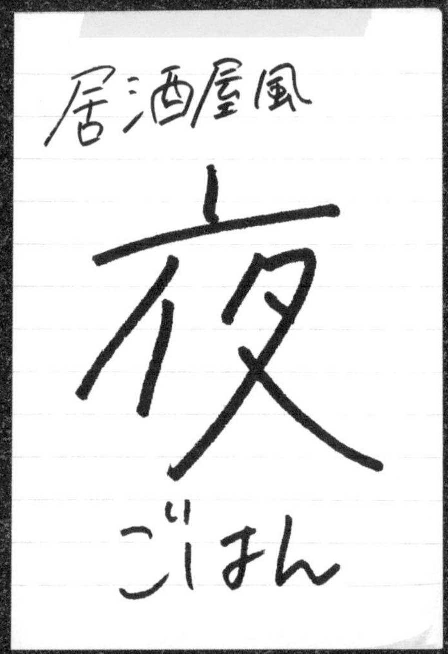

夫は毎晩飲むので、わが家をおうち居酒屋に。
おつまみがわりのおかずは、居酒屋で出てきそうなものにしています。
でも、カロリーと塩分は控えめで、
たんぱく質やビタミン、ミネラル、食物繊維がたっぷりの
ボリューム満点に見えるおかずです。

ぷふぁ〜〜〜〜
今日もビールがうまい！
いただきます♪

くまみ家の夜ごはん

おうち居酒屋開店

dinner

BASIC COMBINATION

ゆる糖質オフで
カロリーカットの
主菜
＋
食物繊維や
ビタミンがたっぷりの
副菜
＋
お酒

くまみ家の
居酒屋風おかず

しらたきみそラーメン

めんのかわりにしらたきを入れたラーメン。
小腹がすいたときにもおすすめ（p119）。

カリカリのり塩えのき

低カロリー食材のえのきたけを使って。
カリカリ食感がやみつきに（p76）。

切り干し大根のナムル

切り干し大根をやわらかく
しすぎず、かみごたえが
あるようにするのがポイント（p115）。

おつまみにもなる居酒屋風献立

夫も私もお酒が大好き。家飲みを習慣にしてからは、「雰囲気だけでも」と、居酒屋で出てくるような料理がわが家の夕食になりました。糖質オフで低カロリーのおつまみにもなる居酒屋風のおかずです。

夫はお酒を飲むとごはんは食べませんが、夜は糖質の多いものを食べすぎない「ゆる糖質オフ」が基本。おかずをおつまみがわりにするので、なるべく低カロリーにするのもポイントです。見た目は居酒屋にありそうな料理でも、栄養のある野菜を多く使い、野菜で味も量も満足できるレシピを考えています。

また、居酒屋に寄せるために、熱いものは熱いうちに出したり、食感の違う料理を組み合わせたり……。こうやっていろいろ考えるのはとても楽しくて。もしかしたら、夫を痩せさせる一番のコツは、自分が楽しむことなのかもしれないですね。

たっぷりに見えるおかず

ピリ辛肉みそあんかけ豆腐

小さめの器に盛ると、
ボリュームがあるように見えるので、
小鍋に入れて食卓へ(p95)。

キャベツたっぷり豚平焼き

キャベツでボリュームアップ。
マヨネーズをかけてもヘルシー(p93)。

カロリーダウンして見た目ボリュームアップ

痩せさせようとしているのがバレないようにするのは大事なこと。ダイエット料理だとわかったとたん、ストレスになってしまって、外でいけないものをたくさん食べてしまうかもしれません。バレずに「こんな料理なんだ」と思わせたいですよね。

私は、高カロリーに見えて実は低カロリーな料理や、ボリュームがあるように見える料理を組み合わせた献立を考えています。

例えば、この本で紹介している、揚げものに見えるもの、マヨネーズをかけているものなどは、ダイエットおかずだけど見た目は高カロリー。ボリュームアップのためにもやしなどの野菜を入れるのは、よく使う方法です。ほかに、盛りつけで量を多く見せる、鍋やフライパンごと食卓に出して大きく見せる、2人分を一皿に盛るなど、

高カロリー＆ボリューム

鶏肉のアングレーズ

いためたパン粉をまぶして、揚げもの風に。使う油の量を大幅にカット(p97)。

あさりとキャベツの塩バター蒸し

あさりはむき身で売っているものではなく、殻ごと使ってボリュームアップ(p105)。

見た目のボリュームアップのために試行錯誤しています。

夫は痩せるまで気がついていませんでした!

夕食の献立

ふわふわ、カリカリ、ねばねば。食感が楽しい夕食で、のんびり晩酌を。

ふわふわなのに
おなかいっぱいに！

卵と豆腐のふわふわ焼き

エネルギー 146kcal
たんぱく質 11.2g
食物繊維 0.3g

材料

卵…2個
絹ごし豆腐…1/2丁（150g）
A しょうゆ、みりん…各小さじ2
和風だしの素（顆粒）…小さじ1/2
刻みのり…ひとつまみ

作り方

1 卵はボウルに割り入れる。豆腐の水けをキッチンペーパーでふきとり、加え入れる。Aを加え、なめらかになるまでまぜ、耐熱容器に入れる。

2 オーブントースターで生地がふくらむまで10〜15分ほど焼き、刻みのりをのせる。

*写真は2人分です。

食感がやみつきになる

カリカリのり塩えのき

エネルギー 186kcal たんぱく質 2.1g 食物繊維 2.7g

材料

えのきたけ…150g
A 塩…少々
青のり…小さじ1/2
鶏ガラスープの素（顆粒）…小さじ1
かたくり粉…大さじ2
油…適量

作り方

1 えのきたけは石づきをとり、食べやすい大きさにほぐす。

2 ポリ袋に1とAを入れて袋ごと振る。

3 フライパンに油を熱し、2を並べる。表面がカリッとするまで両面を揚げ焼きにする。お好みでこしょう（材料外）を振る。

*えのきたけがある程度油を吸ったら、フライパンに押しつけるようにするのがポイント。

消化を助け、免疫力もアップ

ねばねばサラダ

エネルギー 111kcal たんぱく質 2.2g 食物繊維 2.7g

材料

長いも…6cm分(60g)
オクラ…1パック（100g）
わかめ（乾燥）…1g
A しょうゆ…小さじ2
みりん…小さじ2
酢…小さじ1
白いりごま…小さじ1/2
オリーブ油…大さじ1

作り方

1 長いもは3cm長さの拍子木切りにする。オクラはさっとゆでてへたをとり、斜めに半分に切る。わかめは水でもどし、食べやすい大きさに切る。

2 ボウルに長いも、オクラ、水けをきったわかめを入れてまぜる。

3 耐熱容器にAを入れて電子レンジで30秒加熱する。オリーブ油、ごまを加えてまぜ、2にかけてあえる。

TOTAL
エネルギー 443kcal
たんぱく質 15.5g
食物繊維 5.7g
お酒に合う～。
でも、ヘルシー

TOTAL

エネルギー 392kcal
たんぱく質 27.7g
食物繊維 6.4g

MAIN

夕食の献立

たれにつけて食べる、そのひと手間でゆっくり食べに。

肉を低カロリー食材と合わせて

うまだれ豚ときのこ蒸し

エネルギー 249kcal たんぱく質 16.3g 食物繊維 4.7g

材料

豚ロース薄切り肉…100g
えのきたけ…1袋(100g)
しめじ…1パック(100g)
もやし…1袋(200g)
酒…大さじ1
A
- おろしにんにく…小さじ1
- 万能ねぎ(小口切り)…大さじ1
- ポン酢しょうゆ…適量

卵黄…2個

作り方

1 えのきたけは石づきをとり、半分の長さに切ってほぐす。しめじは石づきをとり食べやすい大きさにほぐす。

2 フライパン全体にもやしを広げ、きのこ、豚ロース肉の順に重ねる。全体に酒をまわし入れ、ふたをして中火で1分、弱火で7分蒸し焼きにする。

3 蒸し焼きにしている間にAをまぜ合わせて2つに分け、器に入れてそれぞれに卵黄を加え、たれを用意する。

＊写真は2人分です。

のっけるだけで絶品！　シャキシャキのかみごたえ

きゅうりキムチの冷奴

エネルギー 149kcal たんぱく質 11.6g 食物繊維 1.9g

材料

木綿豆腐…1丁(300g)
きゅうり…1本
塩…ひとつまみ
キムチ…大さじ2
A
- しょうゆ…小さじ1
- 焼き肉のたれ…小さじ1
- 韓国のり(ちぎって小さくする)…3〜5枚分
- ごま油…小さじ1/2

白いりごま…ふたつまみ

作り方

1 きゅうりは縦半分に切り、種をとり除いて斜め薄切りにして塩でもむ。

2 水けをしぼった1とキムチ、Aをあえる。

3 豆腐の水けをキッチンペーパーでふきとり、器に盛り2とごまをのせる。

夕食の献立

メインが少なく見えてしまうので、チヂミで見た目ボリュームアップ！

ダイエット中の栄養補給に。
トロたく風の居酒屋メニュー

まぐろのたたき

エネルギー 91kcal たんぱく質 14.1g 食物繊維 0.7g

材料

まぐろのたたき…100g
たくあん…5枚
万能ねぎ（小口切り）
…大さじ1

A
しょうゆ…小さじ1/2
おろしにんにく
…小さじ1/2
ごま油
…小さじ1/2

白いりごま…ひとつまみ
韓国のり（8切）…8枚

作り方

1 たくあんは5㎜角に切る。
2 まぐろのたたき、1、万能ねぎ、Aをまぜる。器に盛り、ごまを散らす。
3 韓国のりを添え、2を巻いて食べる。

むくみや便秘の解消に

トマト冷菜

エネルギー 40kcal たんぱく質 0.8g 食物繊維 1g

材料

トマト…1個

A
おろししょうが、
おろしにんにく
…各小さじ1/3
鶏ガラスープの素
（顆粒）…小さじ1/2
ごま油…小さじ1

黒こしょう…少々

作り方

1 トマトはくし形に切ってから斜め半分に切る。
2 Aはボウルに入れてまぜ、1を加えてあえる。
3 器に盛り、黒こしょうを振る。

もやしどっさりでむくみを解消

もやしのカリもちチヂミ

エネルギー 159kcal たんぱく質 4.6g 食物繊維 1.3g

材料

もやし…1袋（200g）

A
おろしにんにく
…小さじ1
鶏ガラスープの素
（顆粒）…小さじ1
かたくり粉…大さじ4
水…大さじ2

ピザ用チーズ…大さじ2

B
しょうゆ…小さじ2
焼き肉のたれ
…小さじ2

ごま油…小さじ2

作り方

1 もやしはボウルに入れ、Aを加えてまぜる。
2 フライパンにごま油を引き、火にかける。いったん火を止め、1の生地を広げてチーズをのせ、中火で焼く。カリカリになってきたら返して焼く。
3 器に盛り、お好みで糸とうがらし（材料外）をのせる。Bをまぜたたれを添える。

＊写真は2人分です。

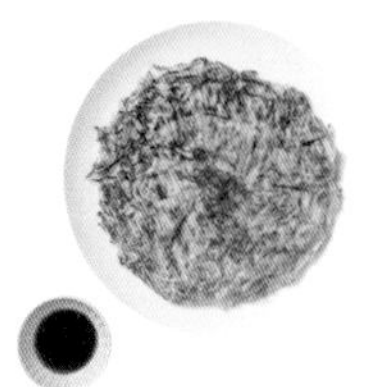

TOTAL
エネルギー 290kcal
たんぱく質 19.5g
食物繊維 3g
のりで巻いたり、
たれにつけたり、
食べるときにひと手間！

COLUMN 4

ダイエット中でも 油は必要

油は体に必要な栄養素。代謝にもかかわるため、適切な量をしっかりとっているほうが痩せやすくなります。

目分量だと油を使いすぎることも。計量して分量を把握することも大切です。

油を使いたくないときは、少し水を入れていためると野菜がやわらかくなります。

油をとりながら、きれいに痩せましょう

油（脂質）は三大栄養素のひとつで、体の細胞膜を作ったりビタミンを吸収したりするために必要なもの。とはいえ、油は食材にも含まれているので、とりすぎには注意したいですね。調理するときに、油を使うのは献立の1品だけなどと決めると減らすことができます。また、きちんと計量して使いすぎを防ぐのもおすすめです。

MAIN

粉のかわりに豆腐を。
中はふわっ、外はカリッ!

豆腐のお好み焼き

エネルギー 428kcal
たんぱく質 23.6g
食物繊維 2.1g

材料

絹ごし豆腐…1/2丁(150g)
キャベツ…1/6個
A 小麦粉…大さじ2
A とき卵…2個分
豚肩ロース薄切り肉…120g
ごま油…小さじ2
お好み焼きソース、
マヨネーズ、
削り節…各適量

作り方

1 キャベツは1cm四方に切る。
2 豆腐はボウルに入れ、泡立て器でとろとろになるまでまぜる。1とAを加えてさらにまぜる。
3 フライパンにごま油を熱し、2の生地の半量を入れてまるくととのえる。豚肉の半量を生地の上に並べる。ふたをして10分ほど蒸し焼きにする。
4 同様に、もう1枚焼く。
5 器に盛り、お好み焼きソースとマヨネーズをかけ、削り節を振る。

カリッ、もちっとして
おなかも満足

中華風
ふわふわ豆腐もち

エネルギー 142kcal
たんぱく質 7.6g
食物繊維 0.4g

材料

木綿豆腐…1/2丁(150g)

A
- かに風味かまぼこ…40g
- 万能ねぎ(小口切り)、かたくり粉…各大さじ2
- 鶏ガラスープの素(顆粒)…小さじ1

ごま油…小さじ2

作り方

1 豆腐はキッチンペーパーで水けをとり、ボウルに入れる。かに風味かまぼこは手でほぐす。Aを加えまぜ、食べやすい大きさにまるくととのえる。

2 フライパンにごま油を引いて中火で熱し、いったん火を止めて、1を並べる。

3 ふたをして中火で焼く。両面に焼き色がつくように返して火を通す。

*写真は2人分です。

油を使わずヘルシー！

フライパン蒸し豆腐ハンバーグ

エネルギー 418kcal
たんぱく質 26.8g
食物繊維 0.7g

材料

絹ごし豆腐…1/2丁（150g）
パン粉…大さじ5
合いびき肉…200g

A
- 卵…1個
- 塩…ふたつまみ
- （あれば）ナツメグ（パウダー）…4振り

B
- 砂糖…大さじ1/2
- しょうゆ…大さじ1½
- みりん…大さじ1½

黒こしょう…適量
ベビーリーフ…適宜

作り方

1 豆腐はボウルに入れ、泡立て器でとろとろになるまでまぜる。パン粉を加えてさらにまぜる。

2 1にひき肉とAを加えてなめらかになるまでまぜる。生地を半分に分け、それぞれクッキングシート（30㎝四方に切ったもの）でキャンディー包みにする。

3 2をフライパンに並べ、水200㎖（材料外）を加えてふたをし、中火で2分、その後弱火にして8分蒸す。Bをまぜて電子レンジで30秒加熱してたれを作る。

4 クッキングシートからとり出して器に盛り、たれをかけ、黒こしょうを振る。ベビーリーフを添える。

＊フライパンは直径20㎝のものを使用。

豆腐が主役！ お酒にも合う！

鉄板焼き屋の豆腐ステーキ

エネルギー 209kcal たんぱく質 11g 食物繊維 0.7g

材料

木綿豆腐…1丁（300g）
塩…少々
かたくり粉…大さじ2
A
しょうゆ…大さじ1
みりん…大さじ1
焼き肉のたれ…大さじ1
豆板醤…小さじ1/4
油…大さじ1/2

作り方

1 木綿豆腐は半分に切ってから1cm幅に切る。耐熱皿にキッチンペーパーを敷き、豆腐を並べる。上にもう1枚キッチンペーパーをのせ、手で軽く押さえる。電子レンジで3分加熱する。

2 豆腐が冷めたら再度キッチンペーパーで水けをとり、塩を振って全体に片栗粉をまぶす。

3 フライパンに油を熱し、2を並べて焼き色がつくまで両面焼く。Aをまぜてまわし入れ、全体が煮詰まるまで加熱する。

4 器に盛り、お好みで小松菜のおひたし（材料外）など、野菜を添える。

＊写真は2人分です。

豆腐のやわらかさを
生かしてふわふわに

豆腐つくねの照りだれ

エネルギー316kcal
たんぱく質22.3g
食物繊維0.2g

材料

絹ごし豆腐…1/2丁(150g)
鶏ひき肉(もも)…200g

A
- 塩…小さじ1/3
- 和風だしの素(顆粒)…小さじ1
- かたくり粉…大さじ1
- 砂糖…大さじ1/2

B
- しょうゆ、みりん…各大さじ1
- かたくり粉…小さじ1
- 水…大さじ1

油…大さじ1/2

作り方

1 ボウルに豆腐とひき肉、Aを入れて手早くまぜる。

2 フライパンに油を熱し、なじませてから火を止める。1を8等分して円形にまとめ、フライパンに並べる。ふたをして弱～中火で焼く。焼き色がついて表面が白くなってきたら返して同様に焼く。焼けたら器に盛る。

3 同じフライパンにBをまぜ入れ、煮立たせる。とろみが出てきたら2にかける。

＊写真は2人分です。

忙しいときにおすすめ！
5分でできる

かに玉 あんかけ豆腐

エネルギー 122kcal
たんぱく質 10.1g
食物繊維 0.2g

材料

絹ごし豆腐…1/2丁（150g）

A
- しょうゆ…小さじ1
- みりん…大さじ1
- 鶏ガラスープの素（顆粒）…小さじ2

かに風味かまぼこ…40g

B
- かたくり粉…小さじ1
- 水…大さじ1

卵…1個

作り方

1 鍋に水200㎖（材料外）とAを入れて煮立てる。

2 豆腐は食べやすい大きさに手でちぎりながら加え、2分煮る。

3 かに風味かまぼこを手でほぐしながら加える。Bをまぜて加え、弱火で1分煮る。卵をといて、まわし入れて少しまぜる。

カリッ&もっちり食べごたえあり!

豆腐ねぎ焼き

エネルギー383kcal たんぱく質12.9g 食物繊維1.7g

材料

絹ごし豆腐…1/2丁(150g)
豚バラ薄切り肉 …100g
長ねぎ…1本
A かたくり粉…大さじ2
小麦粉…大さじ2
塩…ひとつまみ
ごま油…大さじ1
ポン酢しょうゆ…大さじ2

作り方

1 豚肉は3㎝幅に切る。長ねぎは小口切りにする。

2 ボウルにAを入れ、豆腐をつぶしながらまぜる。長ねぎを加えてさらにまぜる。

3 フライパンにごま油を引き、6等分した2の生地を並べる。豚肉を3〜4枚ずつ生地にのせ、ふたをして両面に焼き色がつくまで中〜弱火で焼く。

4 器に盛り、ポン酢しょうゆを添える。
*写真は2人分です。

しっかり味でお酒に合う

豆腐ホワイトソースの痩せグラタン

エネルギー145kcal　たんぱく質9g　食物繊維1.3g

材料

絹ごし豆腐…1/2丁（150g）
ベーコン…30g
A
- コンソメスープの素（顆粒）…小さじ1
- 粉チーズ…小さじ1/2
- おろしにんにく…小さじ1/2

ほうれんそう（冷凍）…70g
ピザ用チーズ…大さじ2
黒こしょう…少々

作り方

1 ベーコンは5㎜幅に切る。

2 豆腐はボウルに入れて、なめらかになるまでまぜる。Aを加えてさらにまぜる。

3 フライパンに1のベーコンと、ほうれんそうを入れていためる。

4 2に3を加えてまぜ、耐熱皿に入れる。ピザ用チーズをのせ、黒こしょうを振る。トースターで焼き色がつくまで10分ほど焼く。

*写真は2人分です。

豆乳のホワイトソースが
ヘルシー！

かぶの 豆乳グラタン

エネルギー 158kcal
たんぱく質 7.3g
食物繊維 1.4g

材料

豆乳…200mℓ
かぶ…2個（160g）
ベーコン…1枚

A
- みそ…小さじ1/2
- コンソメスープの素（顆粒）…小さじ1/2
- おろしにんにく…小さじ1/2
- バター…5g

かたくり粉…小さじ2
ピザ用チーズ…大さじ2

作り方

1 かぶはいちょう切りにする。ベーコンは細切りにする。

2 フライパンに1、Aを入れて軽くいため、水100mℓ（材料外）を加え、弱〜中火で煮る。

3 かぶが透明になってきて火が通り、水分がなくなってきたら、かたくり粉を加えて全体になじませる。豆乳を加えて、とろみがつくまでまぜながら煮詰める。

4 3を耐熱容器に入れ、ピザ用チーズを散らす。トースターで焼き色がつくまで10分ほど焼く。お好みで乾燥パセリ（材料外）を振る。

＊写真は2人分です。

でんぷん質の春雨を低糖質のしらたきにかえて

しらたきチャプチェ

エネルギー198kcal たんぱく質12.4g 食物繊維4.5g

材料

牛こま切れ肉…100g
ピーマン…2個
パプリカ（黄）…1/4個
にんじん…1/4本
しらたき（糸こんにゃく）…200g
A
- しょうゆ、みりん…各大さじ1 ½
- おろしにんにく…大さじ1/2
- 焼き肉のたれ…大さじ1/2

白いりごま…大さじ1/2

作り方

1 牛肉、ピーマン、パプリカ、にんじんは細切りにする。
2 しらたきは、食べやすい長さに切り、下ゆでをする。
3 フライパンに1とAを入れ、いためる。
4 肉の色が変わってきたら、2とごまを加えて、さらにいためる。

おうち居酒屋

見た目の
ボリュームでだまされる!?

キャベツたっぷり 豚平焼き

エネルギー 366kcal
たんぱく質 19.5g
食物繊維 2.4g

材料

豚こま切れ肉…100g
キャベツ…1/4個
卵…2個
牛乳…大さじ2
塩…ひとつまみ
こしょう…少々
ごま油…小さじ1
油…大さじ1
お好み焼きソース、
マヨネーズ…各適量

作り方

1 豚肉は1㎝幅に切る。キャベツはせん切りにする。卵をといて牛乳をまぜておく。

2 フライパンにごま油を熱し、1の豚肉をいためる。キャベツを加えてさらにいため、塩、こしょうを振る。豚肉の色が変わり、キャベツがやわらかくなったら器に盛る。

3 フライパンに油を入れて中火で熱し、1の卵液を少し落として外膜を作り、残りの卵液を一気に入れ、箸で少しまぜながら半熟になるまで焼く。

4 フライパンから卵を滑らせて2にのせ、お好み焼きソースとマヨネーズをかける。

*フライパンは直径20㎝のものを使用。
*写真は2人分です。

簡単ねぎ塩だれが
肉を引き立てる

豚肉の一口ステーキ

エネルギー268kcal たんぱく質14.5g 食物繊維0.3g

材料

豚肩ロース肉(焼き肉用)…8枚
かたくり粉…小さじ2
A
- 万能ねぎ(小口切り)…大さじ3
- 鶏ガラスープの素(顆粒)…大さじ1/2
- おろしにんにく…小さじ1
- 白いりごま…小さじ1

ごま油…小さじ2

作り方

1 Aは耐熱容器に入れる。フライパンにごま油を入れて中火にかけ、フツフツとしてきたらAの上からかけてまぜ、ねぎ塩だれを作る。別の器にとりおく。

2 豚肉とかたくり粉をポリ袋に入れ、袋ごと振ってまぶし、1のフライパンに並べる。ふたをして両面に焼き色がつくまで6分ほど焼く。

3 器に盛り、1をのせる。

すぐできて食べごたえバッチリ!

ピリ辛肉みそあんかけ豆腐

エネルギー392kcal たんぱく質26.7g 食物繊維1g

材料

絹ごし豆腐…1丁(300g)
合いびき肉…200g

A
酒…大さじ1
おろししょうが、おろしにんにく…各小さじ1
豆板醤…小さじ1/2

B
しょうゆ…大さじ1/2
みそ…大さじ1
鶏ガラスープの素(顆粒)…大さじ1/2
砂糖…大さじ1/2
湯…100mℓ

C
かたくり粉…小さじ1
水…大さじ1

作り方

1 絹ごし豆腐は半分に切る。ゆでて、器に盛る。

2 フライパンにひき肉、Aを入れていためる。肉の色が変わったら、Bを加えて2分煮る。Cをまぜて加え、弱火で1分煮たあと、1の豆腐にかける。お好みでねぎの小口切りと糸とうがらし(各材料外)をのせる。

皮と余分な脂をとってカロリー1/3カット

ハニーレモンチキン

エネルギー232kcal たんぱく質21.7g 食物繊維0.1g

材料

鶏もも肉（皮なし）
…1枚（220g）
塩…小さじ1/3
かたくり粉…大さじ1

A
- しょうゆ…大さじ1
- はちみつ…大さじ1
- レモン汁…大さじ1

油…小さじ2
サニーレタス…適宜

作り方

1 鶏肉は一口大に切り、ポリ袋に入れて塩を振る。軽くもんだら、かたくり粉を入れてポリ袋ごと振ってまぶす。

2 フライパンに油を引き、1を並べる。ふたをして中火で焼く。表面全体が白くなって焼き色がついたら、返して火が通るまで焼く。

3 フライパンの余分な油をキッチンペーパーでふきとる。Aをまぜて加え、弱～中火でいため合わせる。

4 器に盛り、サニーレタスを添える。

＊写真は2人分です。

揚げずにカリカリの衣を味わう

鶏肉のアングレーズ

エネルギー258kcal たんぱく質 22.6g 食物繊維 0.6g

材料

鶏もも肉（皮なし）…1枚（220g）

A
- 酒、しょうゆ…各小さじ1
- おろししょうが…小さじ1

パン粉…大さじ4

かたくり粉…大さじ1

B
- 砂糖…小さじ1
- ウスターソース…大さじ1

油…大さじ1

作り方

1 鶏肉は一口大に切る。ポリ袋に入れ、Aを入れてもみこむ。

2 フライパンに油小さじ2を熱し、パン粉を入れて全体がカリッとなるまでいため、ボウルに移す。

3 かたくり粉を1に加えてさらにもみこむ。2のフライパンをさっとふいて残りの油を熱し、鶏肉を並べ入れ、ふたをして中火で焼く。表面が白っぽくなったら返して同様に焼く。

4 Bは別のボウルに入れてまぜ、焼きあがった3をつける。最後に2のパン粉をまぶす。

高カロリーに見える
ヘルシーメニュー

ささ身
キムチーズ

エネルギー 193kcal たんぱく質 19.6g 食物繊維 0.3g

材料

ささ身…3本（150g）
にら…2本
キムチ…大さじ1
鶏ガラスープの素（顆粒）…小さじ1
かたくり粉…大さじ1
ピザ用チーズ…大さじ3
ごま油…大さじ1

作り方

1 ささ身は筋をとり、1㎝幅に切る。にらは1㎝長さに切る。ボウルにささ身、にら、キムチ、鶏ガラスープの素を入れてまぜる。かたくり粉を加えまぜ、さらにピザ用チーズを加えてまぜる。

2 フライパンにごま油を熱し、1を平らに広げ、ふたをして焼く。

3 表面が白っぽくなって焼き色がついたら返して、火が通るまで焼く。

*写真は2人分です。

大根おろしが胃腸にやさしい

ささ身のおろし煮

エネルギー204kcal たんぱく質23.4g 食物繊維1.3g

材料

ささ身…4本(200g)
かたくり粉…大さじ1
大根…10cm
A 砂糖…小さじ2
　しょうゆ、みりん…各大さじ1½
万能ねぎ(小口切り)…大さじ2
ごま油…小さじ1

作り方

1 大根をすりおろす。ささ身は筋をとり、一口大に切る。かたくり粉をまぶす(ポリ袋に入れて振ると簡単)。

2 小さめのフライパン(直径20cm程度)にごま油を熱し、1のささ身を並べて両面を焼く。

3 1の大根おろし(汁ごと)とAを加えて煮立ったら、ふたをして弱〜中火で10分煮る。器に盛り、ねぎをのせる。

＊途中で汁けがなくなったら、そこで火を止めてOK。

つけこみなしでお手軽

カレー手羽中

エネルギー 110kcal
たんぱく質 8.3g
食物繊維 0.5g

材料

手羽中…8本
塩…ふたつまみ
こしょう…少々
A カレー粉…小さじ1/2
A しょうゆ…小さじ1/2
油…少々
トマト、レタス、きゅうり…各適宜

作り方

1 手羽中に塩、こしょうを振る。
2 フライパンに油を熱し、手羽中を並べる。ふたをしてときどき返しながら焼き色がつくまで焼く。
3 全体に火が通ったら、Aをまぜてかける。全体に味をなじませながら弱火で2分ほど焼く。
4 器に盛り、レタス、くし形に切ったトマト、斜め薄切りにしたきゅうりを添える。
＊写真は2人分です。

血液から若返る
組み合わせ

ぶりステーキの和風玉ねぎソースがけ

エネルギー 389kcal
たんぱく質 19g
食物繊維 1.2g

材料

ぶり…2切れ
玉ねぎ…1/2個
にんにく…2かけ
A
砂糖…小さじ1
しょうゆ、みりん…各大さじ1
コンソメスープの素（顆粒）…小さじ1
塩、こしょう…各少々
小麦粉…小さじ2
オリーブ油…大さじ2
乾燥パセリ…適量

作り方

1 玉ねぎとにんにくは、みじん切りにする。
2 フライパンにオリーブ油大さじ1を熱して1を入れ、玉ねぎが色づくまでいためる。Aを加えてさっといため合わせ、ボウルに移す。
3 ぶりの水けをキッチンペーパーでふきとり、塩、こしょうを振って、小麦粉をまぶす。2のフライパンに残りのオリーブ油を熱し、ぶりを並べ、ふたをして焼く。表面が白っぽくなって焼き色がついたら返し、火が通るまで焼く。
4 器に盛り、2をかけて乾燥パセリを散らす。

*写真は2人分です。

アスタキサンチンで美肌に

鮭の油淋だれ

エネルギー 202kcal
たんぱく質 23.6g
食物繊維 0.6g

材料

鮭…2切れ
塩…ひとつまみ
かたくり粉…小さじ2
A
砂糖…大さじ1/2
しょうゆ、酢…各大さじ1
豆板醤…小さじ1/2
ごま油…小さじ1/2
万能ねぎ(小口切り)…大さじ1
白いりごま…小さじ1
油…小さじ1
サニーレタス…適宜

作り方

1 鮭は一口大に切る。塩を振って下味をつけ、かたくり粉をまぶす。フライパンに油を熱し、鮭を入れてふたをして焼く。

2 鮭の表面が白っぽくなって焼き色がついてきたら、返して弱～中火で焼く。Aをまぜて入れ、ねぎ、ごまを加えて合わせる。

3 器にサニーレタスを敷き、2を盛りつける。

*写真は2人分です。

さっぱりしたたれが脂ののったさばによく合う

さばのおろしそだれ

エネルギー222kcal たんぱく質10.4g 食物繊維1.6g

材料

さば…2切れ
かたくり粉…小さじ2
大根…5cm
大葉…5枚
A 砂糖…小さじ1
A しょうゆ、みりん…各大さじ1 ½
A 酢…大さじ1
油…小さじ2
フリルレタス、ミニトマト…各適宜

作り方

1 さばは骨をとり除き、食べやすい大きさに切る。かたくり粉をまぶしておく。

2 フライパンに油を熱し、さばを並べてふたをする。焼き色がついたら返し、ふたをして火が通るまで6分ほど焼く。大根はおろし、大葉はせん切りにする。

3 器にレタスを敷き、さばをのせる。同じフライパンに2の大根おろし、大葉、Aを入れて強火で1分煮詰め、たれを作る。

4 さばに3のたれをかけ、くし形切りにしたミニトマトを添える。

*写真は2人分です。

代謝を助ける
ナイアシンがたっぷり

ししゃもの チーズパン粉焼き

エネルギー 204kcal
たんぱく質 13.7g
食物繊維 0.2g

材料

ししゃも…6尾
塩…ふたつまみ
こしょう…少々
とき卵…1個分
A
- パン粉…大さじ3
- 粉チーズ…大さじ2

バター…5g
オリーブ油…小さじ1

作り方

1 ししゃも全体に塩、こしょうを振る。Aはまぜておく。

2 1のししゃもをとき卵、Aの順につける。

3 フライパンにバター、オリーブ油を熱し、2を並べる。ふたをして焼き色がつくまで3分ほど焼く。ふたをとり、返してさらに3分ほど焼く。

疲労回復や
免疫力アップに

あさりとキャベツの塩バター蒸し

エネルギー 112kcal
たんぱく質 4g
食物繊維 2.2g

材料

あさり…200g
キャベツ…3枚
バター…15g
酒…大さじ2
塩…ふたつまみ

作り方

1 あさりは砂抜きをしておく。キャベツはざく切りにする。
2 フライパンにキャベツ、あさり、バター、酒、塩の順に入れてふたをし、火にかける。
3 3〜5分ほど蒸し煮にし、あさりの口があいたら火を止める。

*写真は2人分です。

かみごたえのあるたこで
ゆっくり食べに

たこと水菜のペペロンチーノ

エネルギー 122kcal
たんぱく質 12.1g
食物繊維 1.6g

材料

ゆでだこ…100g
水菜…2株（100g）
にんにく…2かけ
塩…ふたつまみ
赤とうがらし（小口切り）
…1/2本分（ふたつまみ程度）
黒こしょう…少々
オリーブ油…大さじ1

作り方

1 たこは食べやすい大きさに切る。水菜は3cm長さに切る。にんにくは横に薄切りにして芽（芯）を除く。

2 フライパンにオリーブ油、にんにくを入れて弱～中火にかける。焼き色がついてきたら、たこ、水菜、塩、赤とうがらしを加えてさっといため合わせる。

3 器に盛り、黒こしょうを振る。

＊写真は2人分です。

たこは肝臓の働きを助けるタウリンが豊富

明石焼き風たこ焼き

エネルギー206kcal たんぱく質17.2g 食物繊維0.1g

材料

ゆでだこ…80g
卵…2個

A
- 小麦粉…小さじ2
- 和風だしの素(顆粒)…小さじ1
- 水…大さじ3

B
- しょうゆ、みりん…各大さじ1
- 和風だしの素(顆粒)…小さじ1
- 万能ねぎ(小口切り)…大さじ2
- 水…150mℓ

油…小さじ2

作り方

1 たこはぶつ切りにする。ボウルに卵を割り入れてAを加えてまぜる。

2 フライパンに油を熱し、1の卵液を一気に入れ、箸で軽くまぜながら、まるく広げる。

3 たこをまんべんなくのせ、ふたをして3分ほど焼く。半分に折り、皿に盛る。

4 同じフライパンにBを入れて煮立ててつけだれを作り、器に盛る。

*写真は2人分です。

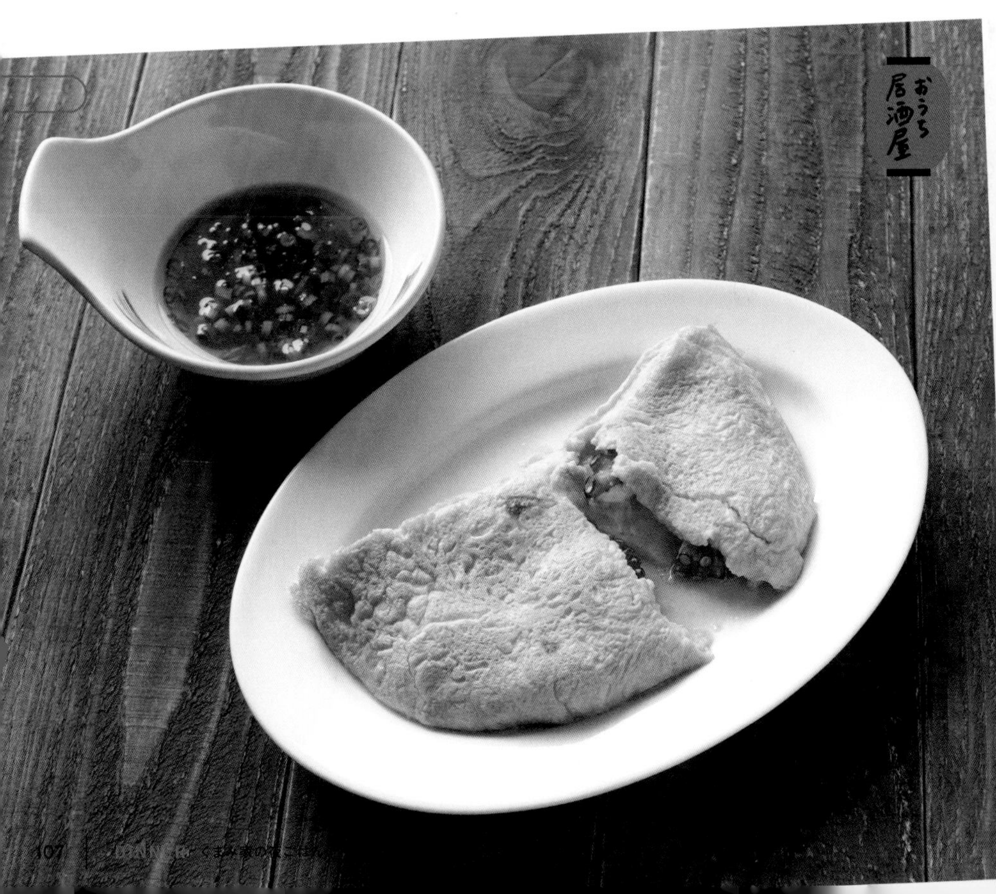

COLUMN 5

覚えておきたい ダイエットに役立つ食事の話

「こっそり痩せさせる」ために、知っておくといいことを
いくつかご紹介します。参考にしてくださいね。

1

刺し身や
カルパッチョも
おすすめ

生魚もとり入れる

魚に多く含まれるDHAやEPAは、中性脂肪を低下させるほか、生活習慣病予防の効果も。加熱に弱いので、刺し身やカルパッチョなど、生食にして効率よく栄養がとれるメニューがおすすめ。

2

栄養のある野菜を
たっぷりと

栄養豊富な野菜をとる

料理には野菜を多く使って、ビタミンやミネラルをしっかりとり、体の調子をととのえ動きやすい体に。野菜のなかでもブロッコリーや小松菜、パプリカなど、栄養豊富なものを積極的に使いましょう。

体を温める食べ物を

体が冷えていると代謝が上がりにくく、消費するエネルギーが少なくなります。みそ汁やスープなどで体を温めて。お酒を飲むときは、冷たいおかずばかりにならないように気をつけてください。

砂糖は少なめに

甘いものは依存性が高く、意識しないととりすぎてしまう可能性があります。おやつを食べるなら、フルーツの甘みをアクセントにする、さつまいもなど素材そのものの甘さを楽しむなどの工夫を。

ダイエットのストレスをなくす

食べたくないダイエット料理を食べ続けていると、消化機能が働かなくなり、消化・吸収しにくくなってしまいます。その結果、ストレスがさらにたまって、よけいに太る悪循環にならないように気をつけて。

丼は避けて定食形式に

丼ものの料理は、早食いになってしまうし栄養が偏りがちです。もし外食をするなら、丼よりも定食を。数種類のおかずを、少しずつ食べることができ、丼よりも栄養バランスのいい食事がとれます。

痩せ食材でガチうま！

えのきナゲット

エネルギー236kcal たんぱく質17.9g 食物繊維1.7g

材料

ささ身…3本（150g）
えのきたけ
…1袋（100g）
かたくり粉…大さじ3
A
マヨネーズ…大さじ1
コンソメスープの素（顆粒）…大さじ1/2
おろしにんにく
…小さじ1
こしょう…5振り
オリーブ油…大さじ1

作り方

1 ささ身は1㎝角に切る。えのきたけは石づきをとり、1㎝長さに切る。ささ身とえのきをボウルに入れ、Aを加えてまぜる。かたくり粉を加えてさらにまぜる。

2 フライパンにオリーブ油を熱し、油がなじんだら火を止める。1をスプーンですくって、食べやすい大きさに落とす。中火で焼き色がつくまで両面を焼く。

3 器に盛り、お好みでトマトケチャップ、マスタード（各材料外）を添える。

＊写真は2人分です。

カリウム豊富な食材でむくみを解消

なすとズッキーニのトマトいため

エネルギー147kcal たんぱく質1.7g 食物繊維2.3g

材料（4人分）

なす…1本
ズッキーニ…1/2本
トマト…1個
A
塩…小さじ1/3
おろしにんにく
…小さじ1
赤とうがらし（小口切り）…1/2本分（ふたつまみ程度）
オリーブ油…大さじ2
乾燥バジル…5振り

作り方

1 なすとズッキーニは縦に縞模様になるように皮をむき、5㎜幅の輪切りにする。トマトは8等分のくし形に切ってから横半分に切る。

2 フライパンにオリーブ油を熱し、なじんだらいったん火を止める。なす、ズッキーニを並べて焼き色がつくまで両面を焼く。

3 トマト、Aを加えてさっといため合わせる。器に盛り、乾燥バジルを散らす。

＊写真は2人分です。

マヨネーズソースを
たっぷりかけても大丈夫！

ブロッコリーのレモンマヨサラダ

エネルギー 207kcal　たんぱく質 8.7g　食物繊維 1.8g

材料（4人分）

ブロッコリー…1/3株
ゆで卵…2個
塩…ひとつまみ

A
- 砂糖…小さじ1/2
- しょうゆ…小さじ1
- マヨネーズ…大さじ2
- レモン汁…大さじ1/2
- オリーブ油…大さじ1/2

作り方

1 ブロッコリーは小房に分ける。ゆで卵は4等分にする。

2 ブロッコリーを1分ほどゆで、流水で冷ます。水けをキッチンペーパーでふきとり、塩を振る。

3 器にブロッコリー・ゆで卵を盛り、まぜたAをかける。

＊写真は2人分です。

5分でできる簡単おつまみ

うまだれピーマン

エネルギー 30kcal　たんぱく質 1.1g　食物繊維 0.7g

材料

ピーマン…2個

A
- 白だし…小さじ1/2
- おろしにんにく…小さじ1/2
- 削り節…1パック（2g）

ごま油…小さじ1

作り方

1 ピーマンは細切りにする。

2 フライパンにごま油を熱し、1を1分いためる。

3 Aを加えてさっといため合わせたら器に盛る。お好みで糸とうがらし（材料外）をのせる。

おなかいっぱい食べたいときにおすすめ

キャベツ焼き

エネルギー187kcal たんぱく質7.6g 食物繊維1.4g

材料

キャベツ(せん切り、市販)…1袋(130g)

A
- 小麦粉…大さじ2
- かたくり粉…大さじ2
- 和風だしの素(顆粒)…小さじ1/2
- 水…大さじ4

卵…2個
油…小さじ2

作り方

1 Aはボウルに入れてまぜる。キャベツを加えてさらにまぜる。

2 フライパンに油を熱し、1の半量をまるく広げる。真ん中に穴を作り、ドーナツ状にする。穴に卵を割り入れて弱火にし、ふたをして5分ほど焼く。

3 返してふたをし、さらに3分ほど焼く。

4 半分に切り、器に盛る。お好みで、マヨネーズやお好み焼きソース、削り節(各材料外)などをかける。同様にもう1枚も焼く。

＊写真は2人分です。

代謝を高め、腸活にもなるアボカドはダイエットの推し食材

アボカドみそチーズ

エネルギー179kcal たんぱく質2.9g 食物繊維3.8g

材料(2人分)

アボカド…1個
みそ、みりん…各小さじ1/2
ピザ用チーズ…大さじ1
マヨネーズ…適量
黒こしょう…少々

作り方

1 アボカドは、縦に1周切り目を入れ、手でひねって半分にし、種をとる。果実をスプーンでとり出し、ボウルに入れてフォークでつぶす。アボカドの皮の部分は、容器にするのでとっておく。

2 1のボウルにみそ、みりんを加えてまぜる。2等分し、アボカドの皮に入れる。

3 チーズ、マヨネーズをのせてトースターで8分焼く。黒こしょうを振る。

＊アボカドの実がかたいときは、包丁の背でたたいてやわらかくする。

漬け時間5分！
超低カロリーのおつまみ

きゅうりのひらひら漬け

エネルギー41kcal たんぱく質1.2g 食物繊維1.1g

材料（4人分）

きゅうり…2本

A
- 白だし…大さじ2
- おろしにんにく…小さじ1
- 赤とうがらし（小口切り）…ひとつまみ
- 水…大さじ4
- ごま油…小さじ1

作り方

1 きゅうりは両端を切り落とし、ピーラーで薄くスライスする。1本分ずつ重ねて束にして端から巻く。

2 器に2本分の巻いたきゅうりを入れる。Aをまぜてかける。冷蔵庫で5分寝かせる。

*写真は4人分です。

カロリー高めのピザを
ヘルシーおかずに

ズッキーニの一口ピザ

エネルギー156kcal たんぱく質5.8g 食物繊維1.2g

材料

ズッキーニ…1本
ウインナーソーセージ（皮なし）…4本

A
- トマトケチャップ…大さじ1
- ウスターソース…小さじ1
- おろしにんにく…小さじ1/2

ピザ用チーズ…大さじ2
オリーブ油…小さじ2
黒こしょう…少々
乾燥パセリ…適量

作り方

1 ズッキーニは1cm幅の輪切りにする。ソーセージは輪切りにする。Aをまぜておく。

2 フライパンにオリーブ油を熱し、ズッキーニを並べて中火で焼く。焼き色がついたら返し、いったん火を止める。表面にAを塗る。ソーセージをのせて中火で3分ほど焼く。

3 チーズをのせ、ふたをして弱火で3分ほど焼く。仕上げに黒こしょうを振り、乾燥パセリを散らす。

*写真は2人分です。

ダイエットで便秘がちのときにも

セロリ酢

エネルギー 19kcal　たんぱく質 0.4g　食物繊維 1g

材料

セロリ…2本
塩…小さじ1/4
A
昆布茶…小さじ1
砂糖…小さじ1
酢…小さじ1

作り方

1 セロリは筋をとり、太い部分は縦半分に切ってから1cm幅の斜め切りにする。

2 塩を振り、もみこんで30分ほどおいてから水けを絞る。

3 Aをまぜて2をあえ、1時間以上おく。

スープでおなかがふくれる

かき玉キムチ あんかけ豆腐

エネルギー 224kcal　たんぱく質 15.4g　食物繊維 1g

材料(2人分)

木綿豆腐…1丁(300g)
キムチ…大さじ2
とき卵…1個分
かたくり粉…大さじ1/2
A
しょうゆ…大さじ1½
みりん…大さじ1
鶏ガラスープの素(顆粒)…大さじ1
水…300㎖
万能ねぎ(小口切り)…大さじ1
ごま油…小さじ1

作り方

1 フライパンにごま油を熱し、キムチをさっといためる。

2 Aを加えて煮立たせる。かたくり粉を水大さじ2(分量外)でといて加え、弱火で1分煮る。

3 豆腐は食べやすい大きさに手でちぎりながら加え、ひと煮立ちさせる。とき卵をまわし入れて、火を止める。

4 器に盛り、ねぎをのせる。

食物繊維が豊富なきのこで

腸活サラダ

エネルギー244kcal　たんぱく質8.7g　食物繊維3.3g

材料

エリンギ…1本
まいたけ…1/2パック(50g)
ベーコン(ブロック)…60g
にんにく…1かけ
A しょうゆ…小さじ1
　はちみつ…小さじ1
　粒マスタード…小さじ1
オリーブ油…小さじ1
レタス…適宜
ミックスナッツ…適宜

作り方

1 エリンギは縦に薄切りにしてから半分の長さに切る。まいたけは食べやすい大きさに手でさく。ベーコンは5mm厚さの食べやすい大きさに切る。にんにくはみじん切りにする。

2 フライパンにオリーブ油を熱し、にんにくを軽くいためる。エリンギ、まいたけ、ベーコンを並べ入れ、焼く。

3 Aをまぜて加え、さっといため合わせる。

4 器にレタスを盛り、3をのせ、砕いたミックスナッツを散らす。

*ミックスナッツを砕くときはポリ袋に入れて、めん棒などでたたくと簡単。

少しずつ食べるように、
かみごたえのあるおつまみを

切り干し大根のナムル

エネルギー56kcal　たんぱく質1.6g　食物繊維2.5g

材料

切り干し大根(乾燥)…15g
にんじん…1/4本
A しょうゆ…小さじ1/2
　鶏ガラスープの素(顆粒)…小さじ1/2
　白いりごま…小さじ2
　ごま油…小さじ1/2
韓国のり…3枚

作り方

1 切り干し大根は袋の表記通りに水でもどす。にんじんは3cm長さの細切りにする。

2 湯を沸かし、1を2分ゆでる。ざるに上げて流水で冷ます。水けを絞り、ボウルに入れる。

3 Aを加えてあえる。韓国のりをちぎって加え、さらにあえる。

ほんのり甘くてとろ～り温まる

中華風コーンスープ

エネルギー115kcal たんぱく質4.9g 食物繊維1.4g

材料

クリームコーン缶…小1缶(150g)

A
- しょうゆ…小さじ1/2
- 鶏ガラスープの素(顆粒)…大さじ1
- 水…400㎖

B
- かたくり粉…小さじ1
- 水…大さじ1

とき卵…1個分
万能ねぎ(小口切り)…小さじ1

作り方

1 鍋にコーンとAを入れて煮立たせる。Bの水どきかたくり粉を加えて弱火で1分加熱する。

2 卵をまわし入れ、まぜる。卵に火が通ったらスープカップに入れ、ねぎをのせる。

1日に必要な野菜の半分量がとれる

野菜のうまみたっぷり春雨スープ

エネルギー92kcal たんぱく質3.8g 食物繊維4.2g

材料

チンゲン菜…1株
玉ねぎ…1/2個
にんじん…1/2本
しめじ…1パック(100g)
春雨…40g

A
- 鶏ガラスープの素(顆粒)…大さじ1½
- しょうゆ…大さじ1
- みりん…大さじ1/2
- 水…500㎖

作り方

1 チンゲン菜は軸と葉を分け、それぞれ5㎜幅に切る。玉ねぎは薄切り、にんじんは細切りにする。しめじは石づきを除いてほぐす。

2 鍋にチンゲン菜の軸、玉ねぎ、にんじん、しめじ、水100㎖(分量外)を入れて、3分ゆでる。

3 春雨、Aを加えて4分煮る。チンゲン菜の葉を入れてさらに3分煮る。器に盛り、お好みでこしょう、ラー油(各材量外)をかける。

お肌つやつやビタミンスープ

白菜の和風ポトフ

エネルギー144kcal たんぱく質4.9g 食物繊維2.7g

材料

白菜…1枚
小かぶ…2個
にんじん…1/3本(50g)
ベーコン(ブロック)…50g
A
- コンソメスープの素(顆粒)…小さじ2
- しょうゆ…小さじ1
- 水…400mℓ

黒こしょう…少々

作り方

1 白菜は縦に半分に切ってから3cm長さに切る、小かぶは皮をむいて、縦4等分にする。にんじんは、かぶより少し小さめの乱切りにする。ベーコンは2cm幅で厚さ5mmほどに切る。

2 鍋にAを入れて煮立たせ、にんじん、小かぶ、白菜、ベーコンの順に入れ、10分煮る。

3 器に盛り、黒こしょうを振る。

中性脂肪対策に。飲むたんぱく質

冷たい豆乳スープ

エネルギー54kcal たんぱく質3.8g 食物繊維0.3g

材料

豆乳(無調整)…200mℓ
A
- みそ…小さじ1/2
- コンソメスープの素(顆粒)…小さじ1/4
- 湯…大さじ4

黒こしょう…4振り
オリーブ油…小さじ1/4

作り方

1 Aをまぜる。スープカップを2つ用意し、それぞれに半量ずつ入れる。

2 豆乳を100mℓずつ注ぎ、オリーブ油をたらし、黒こしょうを振る。

お休みの日の夜ごはん

チャーハンやラーメンも
これならたくさん食べられる

カロリーオフなのに
量は増し増し

もやしで糖質オフチャーハン

エネルギー 458kcal
たんぱく質 18.8g
食物繊維 1.8g

材料

もやし…1袋(200g)
米…1合
A
しょうゆ…小さじ1
鶏ガラスープの素(顆粒)…大さじ1/2
ごま油…小さじ1
焼き豚…50g
卵…2個
万能ねぎ(小口切り)…大さじ3
鶏ガラスープの素(顆粒)…大さじ1/2
ごま油…小さじ1

作り方

1 米をとぎ、炊飯器にAとともに入れ、水を1合のところまで入れて炊く。

2 もやしはひげ根をとって米粒大に切る。焼き豚は7㎜ほどの角切りにする。卵はといておく。

3 フライパンにごま油を熱し、もやしをいためる。全体に火が通ってきたら、卵を加えてさっといためる。焼き豚、ねぎ、鶏ガラスープの素を加えてさっといため合わせる。

4 ごはんが炊けたら、3を炊飯器に加えてまぜる。丸い器で形を作り、皿に盛る。

＊根切りもやしを使うと簡単。

飲んだあとのシメにも!

しらたきみそラーメン

エネルギー 105kcal　たんぱく質 4.3g　食物繊維 5.4g

材料（1人分）

- しらたき（糸こんにゃく）…100g
- 大根…1㎝分
- 白菜…1枚
- 塩…小さじ1/2
- A
  - しょうゆ…小さじ1
  - みそ…小さじ2
  - みりん…小さじ2
  - 鶏ガラスープの素（顆粒）…小さじ2
  - 豆板醤…小さじ1/4
  - おろしにんにく…小さじ1/2

作り方

1 大根は1㎝幅の拍子木切りにする。白菜は縦に半分にしてから細切りにする。

2 鍋に1と水100㎖（材料外）を入れて5分火にかける。

3 しらたきは食べやすい長さに切り、塩でもむ。別の鍋に湯を沸かし、塩がついたまま1分ゆでてざるに上げる。

4 2にAを加えて2分ほどいため合わせ、水200㎖（材料外）を加えて煮立たせる。3を器に盛り汁をかける。お好みで長ねぎの小口切り、白いりごま、糸とうがらし（各材料外）をのせる。

たんぱく質が豊富で低糖質な豆乳がおもちに

豆乳もち

エネルギー 93kcal たんぱく質 3.6g 食物繊維 0.6g

材料

豆乳…150mℓ
かたくり粉…大さじ2
A 砂糖…大さじ1
　きな粉…大さじ1
　塩…少々

作り方

1 豆乳とかたくり粉は鍋に入れて火にかける。木べらでまぜ、とろっとしてきたら弱火にして、ねっとりとしてひとまとまりになるまでまぜ続ける。

2 氷水をはったボウルを用意する。1を食べやすい大きさにスプーンですくって入れる。

3 Aをまぜ、水けをきった2をあえる。

Soy milk Mochi

おやつで腸活

濃厚ヨーグルトアイス

エネルギー 110kcal
たんぱく質 3g
食物繊維 0.4g

材料（4人分）

プレーンヨーグルト…200g
クリームチーズ…50g
ミックスベリー（冷凍）…50g
はちみつ…大さじ2

作り方

1 クリームチーズは耐熱容器に入れ、電子レンジで20秒加熱する。

2 フリーザーバッグに1とそのほかの材料をすべて入れてまぜる。口をしっかり閉じて平らにして冷凍する。

3 食べる前に、30分から1時間ほど室温におき、フリーザーバッグの上からもんでやわらかくし、器に盛る。

*夏はすぐにとけるので、室温におく時間に注意してください。

コーヒーには
脂肪燃焼を
期待できる成分が

コーヒーゼリー

エネルギー 41kcal
たんぱく質 2.5g
食物繊維 0g

材料

インスタントコーヒー
…大さじ1½
砂糖…大さじ1½
湯…300mℓ
ゼラチン…5g

作り方

1 耐熱ボウルにインスタントコーヒー、砂糖、湯を入れてコーヒーを作る。

2 1にゼラチンを振り入れてまぜ、冷蔵庫で約2時間冷やす。

3 ぷるっと固まってきたら、スプーンですくって器に盛る。お好みでコーヒーフレッシュ（材料外）をかける。あればミント（材料外）を添える。

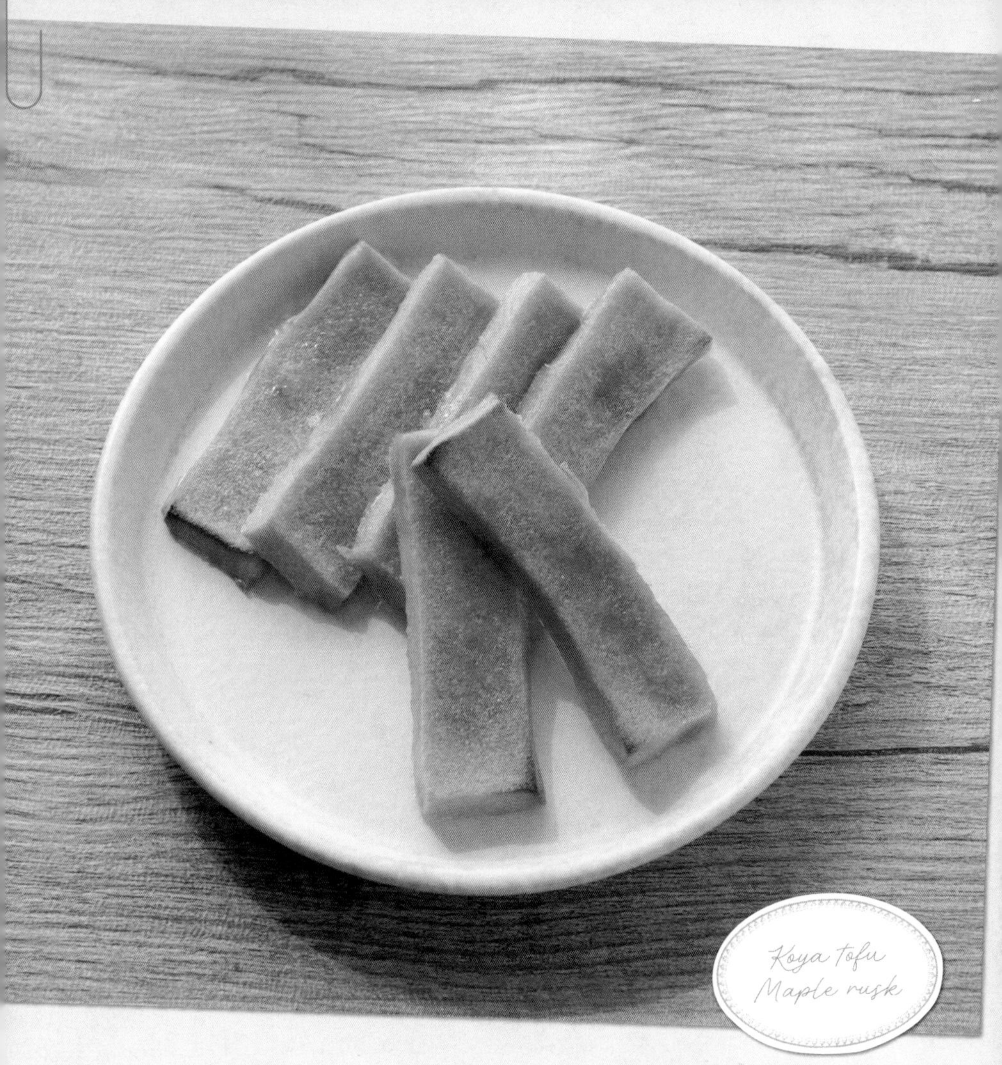

たんぱく質をはじめ、
栄養がぎゅっと詰まった

高野豆腐のメープルラスク

エネルギー 151kcal
たんぱく質 6.1g
食物繊維 0.3g

材料

高野豆腐…1枚
豆乳…100mℓ
砂糖…大さじ1/2
メープルシロップ…小さじ2
オリーブ油…大さじ1

作り方

1 豆乳、砂糖は耐熱容器に入れ、電子レンジで1分加熱する。全体をまぜ、高野豆腐を入れて何度か返しながら液を吸わせる。

2 1の水けを絞り、5㎜幅に切る。アルミホイルの上に並べて、表面にオリーブ油を塗る。トースターで12分焼く。

3 全体にメープルシロップをかけ、さらに2分焼く。

アイスクリームが
食べたいときは

焼きいもアイス

エネルギー 121kcal たんぱく質 1.1g 食物繊維 2g

材料

さつまいも…1本

作り方

1 さつまいもはアルミホイルで巻いて、オーブンの天板に並べる。予熱なしのオーブンに入れ、160℃で90分焼く。

2 冷めたら縦半分に切り、フリーザーバッグに入れて冷凍する。

3 食べる前に15分ほど常温におく。

小麦粉よりもGI値が低い
米粉を使って

米粉のクレープシュゼット

エネルギー 178kcal
たんぱく質 6.2g
食物繊維 0.6g

材料

米粉…30g
卵…1個
牛乳…80mℓ
フルーツ（好きなもの）…適量
油…小さじ1

作り方

1 卵はボウルに割り入れ、牛乳とまぜる。米粉を加えてさらにまぜる。

2 フライパンに油を熱し、いったん火を止め1の1/4量を流し入れる。弱火にして両面を焼く。

3 4つ折りにして、フルーツを添える。ほかの3枚も同様に作る。

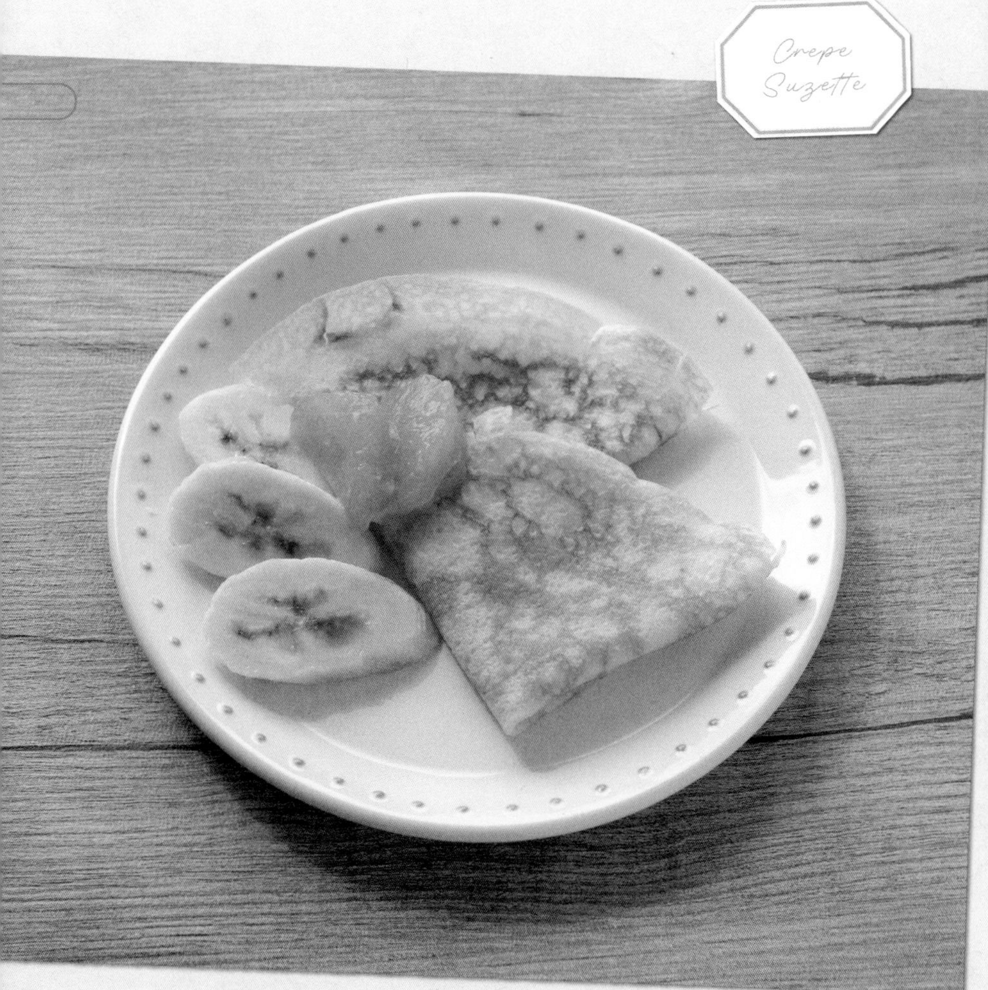

おわりに

小さい頃から図書館に通っては、レシピ本を見る日々。
まだまだ料理なんてできなかったけれど、レシピを見るのが大好きでした。
料理を作る工程や、そのできあがりを食べる瞬間を想像してワクワクしていました。

まさかその30年後、自分がレシピ本を出すなんて思いもせず……。

実は私は何をしても不器用で。料理もはじめは失敗ばかり。
それでも、料理を続けているのは、
「料理が大好きで、作った料理を好きな人といっしょに食べる時間が幸せだから」

疲れている日の癒やし、頑張った日のごほうび、お休みの日の楽しみ……
くまみ家ではこのどれも、晩ごはんの時間にて。
お酒を飲みながら、おいしい料理を食べられるこの時間がとても大切です。

そして、そんな夫婦の一番の願いは18年後、息子と3人で晩酌をすること。
年の差婚で25歳年上の夫。息子はまだ2歳。
これ、簡単じゃないです。
健康に歳を重ねないとなかなか実現しない。
そのためにも、管理栄養士の知識や経験をフル活用して夫のごはんを作っています。

同じように、
「料理で大切な方と笑顔になりたい」
そんな方々に届けたくて料理の発信をしてきました。

そしてこのたび、あなたの大切な人のおいしいを聞きながら、
ヘルシーを叶える料理をいっしょに作りたくて、このレシピ本を作りました。

今回、書籍を出すにあたってお世話になった主婦の友社をはじめとする関係者のみなさま、
料理を教えてくれた祖母と母、
支えてくれた友人や仕事仲間、
今回たくさん協力してくれた夫と息子、
Instagramのフォロワーのみなさま、
そして何より手に取ってくださったあなたに感謝申し上げます。

あなたの料理で大切な人との笑顔の時間が増えますように。

くまみ（熊橋 麻実）

著者

くまみ（熊橋 麻実）

Mami Kumahashi

管理栄養士。岡山県立大学卒業後、保育園で乳幼児の献立作成、調理に携わる。もともと料理が苦手だったため、自身の経験を生かし、どの料理のどこのポイントで失敗しやすいか、どこを工夫したらおいしくできるかを伝えたいと、活動を始める。栄養バランスがとれて、手頃な材料で簡単に作れる料理が人気に。結婚後は、ビール好きで運動嫌いの夫を1年間で7kg痩せさせ、その後も体型キープさせている料理をインスタグラムで発信し、注目を集める。現在、雑誌や書籍へのレシピ提供や、企業のメニュー開発にも携わる。61歳の夫と2歳の息子の3人暮らし。

スタッフ

装丁、本文デザイン　柴田ユウスケ、三上隼人（Soda design）
撮影　松木 潤（主婦の友社）
DTP　齋藤新、三宅和英
　渡辺季子、辰巳陽子
編集　中野明子
企画協力　新田哲嗣
編集担当　三橋祐子（主婦の友社）

夫をこっそり痩せさせる
くまみ飯

2024年 7 月20日　第1刷発行
2024年12月31日　第2刷発行

著者　くまみ（熊橋麻実）
発行者　大宮敏靖
発行所　株式会社主婦の友社
〒141-0021　東京都品川区上大崎3丁目1-1 目黒セントラルスクエア
電話　03-5280-7537（内容・不良品等のお問い合わせ）049-259-1236（販売）
印刷所　大日本印刷株式会社

■本のご注文は、お近くの書店または主婦の友社コールセンター（電話0120-916-892）まで。
*お問い合わせ受付時間　月～金（祝日を除く）　10:00～16:00
*個人のお客さまからのよくある質問のご案内　https://shufunotomo.co.jp/faq/

　ISBN978-4-07-457024-9